高齡者健康促進系列叢書

老化與體能

Aging and Physical Fitness

郭家驊、蔡鏞申、楊艾倫、陳宗與、侯建文、蔡秀純◎著

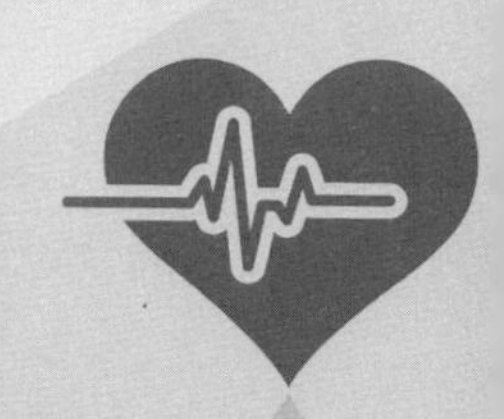

謝董事長推薦序

依據行政院主計處的統計，至民國100年臺灣地區65歲以上的老人已達2,487,893人，占總人口的10.74%。依行政院經建會2009年推估，至民國106年我國高齡人口將達14%，約331萬人，進入高齡社會（Aged Society），屆時我國將成為全世界老化速度最快的國家，如何協助其準備及適應老年期，將是社會教育之重要使命。

國際組織與先進國家為因應高齡社會的來臨，相繼將老年政策列為國家發展的重點策略之一，並陸續投注心力與資源。1971年美國老化研討會強調要重視高齡者的需求；1974年聯合國發表老年問題專家會議報告，建議重視高齡者的差異性，所有國家都應制訂提高高齡者生活品質的國家政策；1986年日本提出「長壽社會對策大綱」，1995年進一步頒布「高齡社會基本法」，更加重視有關老人的相關措施；1996年國際老人會議重提「老人人權宣言」；因應這股高齡化的國際潮流，聯合國遂將1999年訂為「國際老人年」，希冀各國同心協力共同創造一個「不分年齡、人人共享的社會」。

相對於世界各國對高齡社會的關注及高齡者問題的多元因應政策，迄今，我國針對高齡者的相關政策仍以社會福利、醫療照護居多；教育部於民國95年進一步提出「老人教育政策白皮書」，期藉教育的力量，使民眾瞭解社會正面臨快速老化的嚴厲考驗，以及具備正確的態度來看待老化現象，並具備適應高齡化社會的能力。

世界衛生組織在「活躍老化：政策架構」報告書中，將健康（health）、社會參與（participation）和安全（security）視為活躍老化政策架構的三大支柱。如何長期維持活絡的身心機能、樂活養生、過著身心愉悅的老年生活，創造生命的另一個高峰，是高齡者人生重要的課題。總體來看，我國面對高齡社會與高齡者議題已著手因應。

近年，產、官、學相繼提出老人年金、高齡健保政策，足見社會對老人議題極為重視與關注。作為一位醫界的成員，筆者主張人無法迴避老化現象，但卻可以「活躍老化」；就此，多年來倡議「三養生活」以作為高齡者生活的重心：

1. 營養：能關注飲食的適量。
2. 保養：能適時的維持運動。
3. 修養：能以善心善行自修。

果能如此，當可達到「老有所養」、「老有所學」、「老有所尊」、「老有所樂」的體現，而我傳統文化所追求的「老吾老以及人之老」將可獲得具體實踐。爰此，本系列叢書在本校許義雄榮譽教授的主持下，邀請多位學者專家分別就：醫療照護、養生保健、運動介入、休閒旅遊、社會參與、照顧政策及價值重塑等面向，共同編撰一系列高齡者健康促進叢書，從宏觀的角度，整合多面向的概念，提供高齡者健康促進更前瞻、務實且具體的策略與方案，亦是對「三養生活」最佳的闡釋。

本校民生學院於民國90年成立「老人生活保健研究中心」強調結合學術理論與落實生活實踐，提供科技人文整合之老人生活保健研究、社會教育、產業合作、社區服務等專業發展。於近年內完成多項就業學程之申請（「老人社會工作就業學程」、「銀髮族全人照顧就業學程」）、舉辦「樂齡大學」、每學期辦理校園內老人相關專業講座及活動多達十餘場；包括老人生活、食、衣、住、育、樂、醫療保健、照顧服務、長期照顧等，讓學生、參與學員及長者，除了獲得老人相關專業知識外，並培養學生對長者關懷與服務

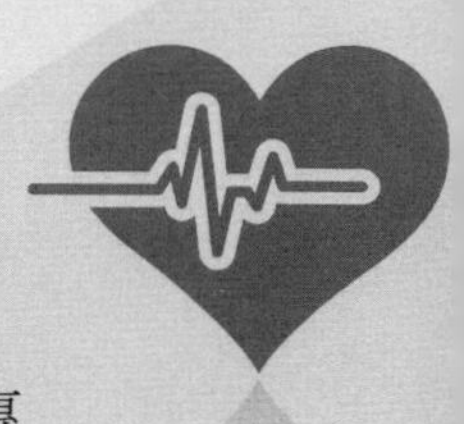

之精神。而編撰此系列高齡者健康促進叢書，亦是秉持本校貢獻專業，關懷長者的用心，更是體現落實「教育即生活，生活即教育」的教育理念的體現。在對參與學者利用課餘的投入撰述表達深切的敬意之時，謹以為序。

實踐大學董事長

謝孟雄

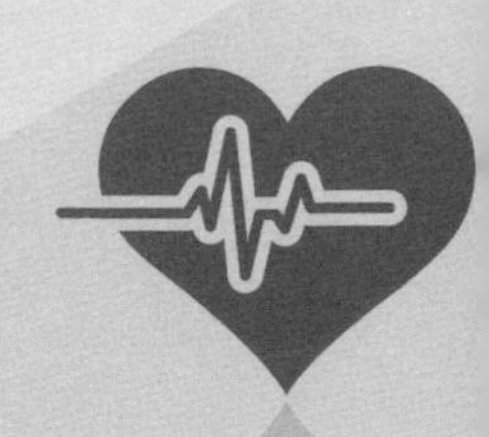

陳校長推薦序

隨著醫藥科技與公共衛生的長足進步，以及生活環境的大幅改善，致使全球人口結構逐漸高齡化，高齡人口的比例上升，平均壽命逐年延長。已開發國家中，65歲以上人口比例多數已超過7%，甚至達到15%，而且比例仍在持續成長中。從內政部人口結構變遷資料顯示，民國83年我國65歲以上高齡人口總數，占總人口數的7%，已符合聯合國衛生組織所訂之高齡化國家標準；推估時至130年，我國人口結構中，高齡人口比例將達22%；也就是說，不到五個人當中就有一人是高齡者，顯示一個以高齡人口為主要結構的高齡社會即將來臨，這是一個必須嚴肅面對的課題。

有鑑於臺灣人口高齡化之發展，需要大量的高齡社會專業人力，本校於99學年在謝孟雄董事長及許義雄榮譽教授的大力推動下，成立「高齡健康促進委員會」。結合校外友校資源，共同朝建置高齡健康促進叢書，倡議高齡健康促進服務方案新模式，進行高齡體適能檢測常模及老人健康促進行為，培育體育健康促進之種子師資，推廣有效及正確之中高齡長者運動健康促進方案，提升全國樂齡大學及樂齡學習中心，希望能透過學術資源促進高齡者運動健康。同時，本校民生學院設有「老人生活保健研究中心」推廣「老人學學分學程」、老人相關就業學程及產學合作案，並設立「高齡家庭服務事業碩士在職專班」，推廣部設有「老人保健學分班」。本校於97學年度承辦教育部「大學院校開設老人短期學習計畫」，舉辦「優活人生——實踐銀髮元氣體驗營」，旨在以「優活人生」為核心，透過「健康人生」、「美麗人生」、「元氣人生」、「和樂人生」、「精彩人生」等五大主軸課程設計，規劃多元學習模式，如「代間學習」、「住宿學習」、「旅遊學習」、「小組討論」、「專題講座」、「經驗分享」、「體驗學習」、「成果展演」等，協助高齡者成為終身學習、獨立自主、自信尊嚴、健康快樂的活躍老人。該活動也招募大學生擔任樂齡志工，協助高齡長者認識校園並融入校園，讓學生與高齡者能共聚一堂一起上課，促進世代交流與共教共學之機會。參與該活動之長者，皆給予該活動高度肯定，對於能深入校園一圓當大學生之夢想深表感謝與感動。

為落實對高齡者的健康促進，亦於彰化縣二水鄉的家政推廣實驗中心進行推廣。40年來，在實踐大學辦學理念、專業規劃及師資支援下，拓展成唯一一所兼具「老人大學」、「社區大學」、「生活美學」、「媽媽教室」的社會教育重鎮。老人大學的成立，係以貫徹「活到老、學到老、玩到老、樂到老、活得好」的精神，希望藉由各項研習課程，讓中老年人在課程當中交誼、在課程當中擴增視野，在課程當中活健筋骨，在課程當中增進身心的健康，並且在生活當中享受優質、活力的智慧人生。教學深入各社區，除了有助於社區老人研修外，更有利於各地區的文化深耕運動。

我國在面對高齡社會與高齡者議題已然積極著手因應，為求整合性作為，是以在本校許義雄榮譽教授的主持下，邀請多位學者專家分別就：醫療照護、養生保健、運動介入、休閒旅遊、社會參與、照顧政策及價值重塑等面向，共同編撰一系列高齡者健康促進叢書，從宏觀的角度，整合多面向的概念，提供高齡者健康促進更前瞻、務實且具體的策略與方案。在對所參與學者表達敬意之時，謹以為序。

實踐大學校長

陳振貴

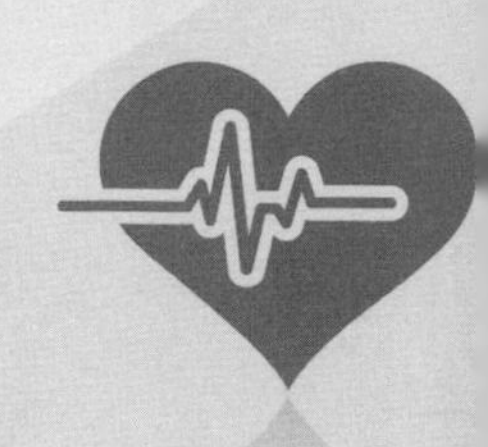

總策劃序

高齡者的問題，不止是國際問題，更是社會問題。一是家庭型態改變，核心小家庭，經濟負擔加劇，高齡者的生活照顧頓成沉重負擔；二是價值觀丕變，現實功利主義盛行，從敬老尊賢，到老而不死是為賊的隱喻，徒使高齡社會面臨窘境；三是生命的有限性，生、老、病、死，終究是人生宿命，健康走完生命旅程，成為人類共同面臨的重要挑戰。

因此，自聯合國始，至各國政府，莫不竭盡所能，研擬適當因應策略，期使舉世高齡者，能在告老返鄉之餘，安享天年，無憾人生。其中，從高齡者的食、衣、住、行到育、樂措施，從醫療、照護到運動、休閒，無一不是以高齡者之健康促進為考量。

具體而言，從1978年世界衛生組織（WHO）發表「人人健康」（Health for All）宣言，力主「健康是權利」以來，各國莫不採取相應對策，保障人民健康權利。特別是1982年，「聯合國維也納世界老人大會」在通過「維也納老人問題國際行動方案」之後，陸續推出「健康城市計畫」（1988），「聯合國老人綱領及老人之權利與責任」（1991）、「聯合國老人原則」（1992）、「健康促進策略」（1998）、「老人日的訂定」（1999）、「馬德里老化國際行動方案」（2002）、「飲食、身體活動與健康全球戰略」（2004），及「飲食、身體活動與健康全球戰略：『國家監控和評價實施情況的框架』」（2009）、「關於身體活動有益健康的全球建議」（2010）、「為健康的未來做改革」（2012）等。可以說，聯合國作為火車頭，帶領各國建立：(1) 健康的公共政策；(2) 創造支持健康的環境；(3) 強化健康社區運動；(4) 發展個人健康技能；(5) 調整衛生保健服務取向等政策；讓老人能有獨立、參與、照護、自我實現與有尊嚴的晚年。

因此，各國或立法，或研訂行動方案，落實全球老人健康之維護。如「日本老人保健法」推動「老人保健事業」（1982），訂定「健康日本21」（2000）；韓國「敬老堂」政策之推進（1991）；美國「健康國民2000」（1994）；中國「全民健身計畫——國民健康整建計畫：健康人民2000」（1994）；德國「老人摔倒預防計畫」，及「獨居老人監控系統」（2012）等等；其中，尤以芬蘭的「臨終前兩週才臥床」的策略，最為世人所稱道。

近年來，臺灣積極推動「老人健康促進計畫」（2009-2012），公布邁向高齡社會「老人教育政策白皮書」，提倡預防養生醫學、推動「樂齡大學」、舉辦「社區老人大學」，實施「老人體能檢測計畫」等，充分顯示政府對老人健康促進之重視。

實踐大學作為配合政府政策，培育人才之機關，旋即於2002年成立「老人生活保健研究中心」，同年並率風氣之先，開設二年制「老人生活保健研究所學分班」，2010年成立「高齡者健康促進委員會」，整合校內外資源，研擬高齡者運動健康促進系列叢書之編撰、高齡者體能檢測工具之研發、高齡者運動保健師證照之規劃、高齡者簡易運動器材之製作、高齡者健康促進推廣與輔導等，以理論與實際交融，學科與術科並濟，彙整志同道合之先進賢達，眾志成城，共同為社會略盡棉薄，冀期有助於促進國內高齡者之健康，成功老化，樂活善終。

本叢書以高齡者日常生活之議題為基礎，配合食、衣、住、行、育、樂之實際需要，如高齡者食品與營養、服飾設計、空間規劃、觀光旅遊、運動處方、身心靈活動設計等，約近十數冊，分門別類，內容力求簡明扼要，實用易行，形式臻於圖文並茂，應可契

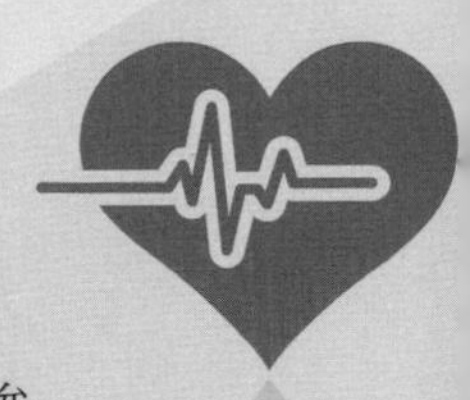

合產官學界選用。尤其，撰述者皆服務大學校院相關系所之碩學俊彥，學有專精，堪稱一時之選，著書立說，當為學界所敬重。

本叢書之問世，感謝實踐大學陳校長振貴之全力支持，謝董事長孟雄之鼎力相助，撰述同仁之勞心勞力，焚膏繼晷，尤其揚智文化事業公司之慨然應允出版，一併深致謝忱。惟因叢書編撰，費神費事，錯漏在所難免，尚祈方家不吝指正。是為序。

實踐大學榮譽教授
臺灣師範大學名譽教授

許義雄 謹識

2012/03/06

作者簡介

（依章節序排列）

郭家驊（本書主編）

現職　臺北體院運動科學研究所教授兼所長

學歷　美國德州大學奧斯汀分校（University of Texas at Austin）運動科學博士

經歷　美國運動醫學會Fellow (FACSM) International Society for Adaptive Medicine秘書長

行政院體委會倫敦奧運運動營養小組召集人

行政院衛生署健康食品審議委員

蔡鏞申

現職　臺北體院運動器材科技研究所助理教授

學歷　美國匹茲堡大學運動醫學博士

美國紐約大學物理治療碩士

臺灣大學物理治療學士

經歷　成功大學物理治療學系所助理教授

臺大醫院物理治療師

楊艾倫

現職　臺北體院運動科學研究所教授

學歷　國立成功大學基礎醫學博士（運動生理學）

國立成功大學物理治療學系學士

經歷　臺北體院身心障礙者轉銜及休閒教育研究所所長
　　　國立成功大學物理治療學系暨研究所助理教授／副教授
　　　國立成功大學健康照護研究所（博士班）副教授
　　　成大醫學院附設醫院復健科兼任物理治療師

陳宗與

現職　臺北體院體育與健康學系助理教授
學歷　國立體育大學體育研究所體育學博士
　　　臺北體院運動科學研究所碩士
　　　臺北體院休閒運動管理系學士
經歷　臺北體院運動科學研究所助理教授

侯建文

現職　臺北體院運動科學研究所助理教授
學歷　國立體育大學體育研究所博士
　　　臺北體院運動科學碩士
　　　輔仁大學體育學系學士
經歷　臺北體院球類學系講師

蔡秀純

現職　臺北體院運動科學研究所副教授
學歷　國立陽明大學生理學博士
　　　國立陽明大學生理學碩士
　　　高雄醫學院護理系
經歷　臺北體院身心障礙者轉銜及休閒教育研究所助理教授／副教授
　　　新光醫院教研部研究員
　　　康寧護專共同科助理教授

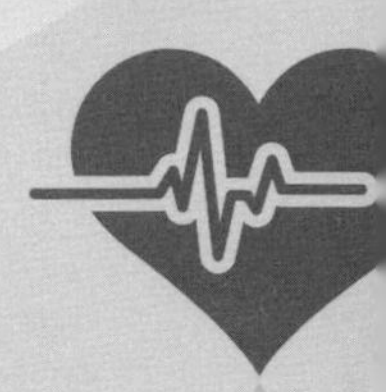

目錄

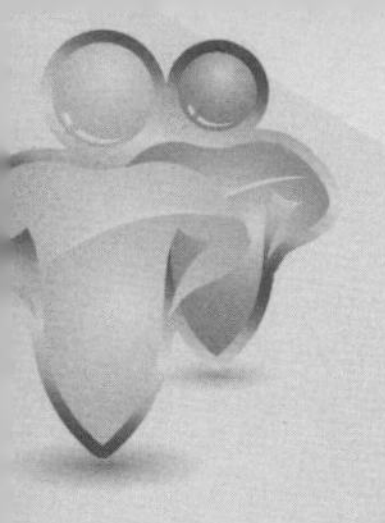

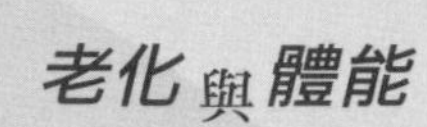
老化與體能

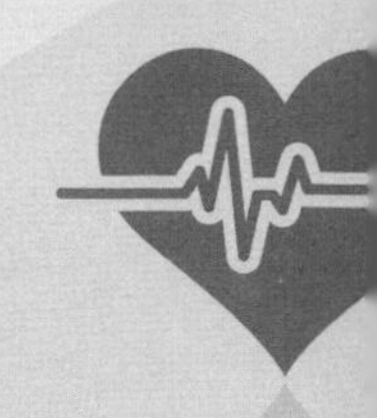

第1章

體能與老化

臺北體院運動科學研究所　郭家驊教授

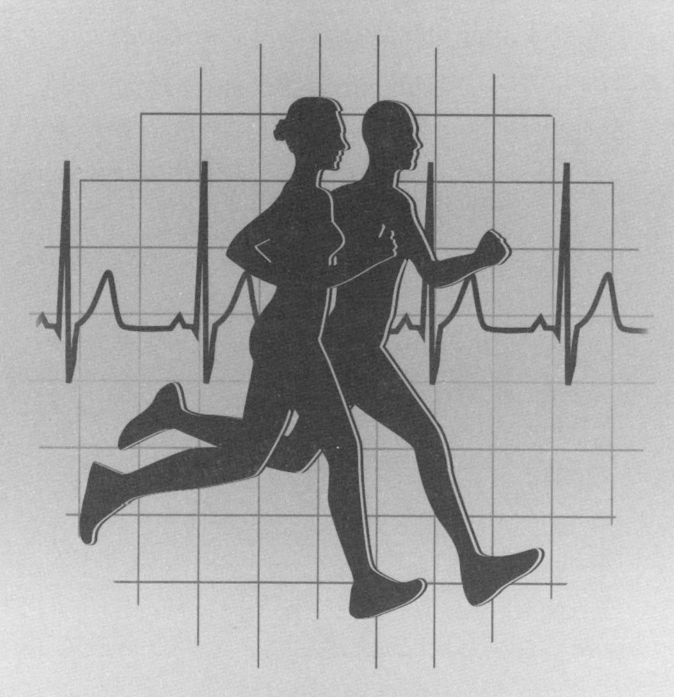

- 瞭解運動改善血糖控制能力
- 瞭解運動量與壽命的關連
- 瞭解70歲之後應如何維持肌力
- 瞭解運動訓練可以對抗老化的原因

一、延緩老化應從控制血糖做起

美國佛明罕心臟研究計畫（Framingham Heart Study）針對約5,209名社區居民（Yashin et al., 2009）進行終身追蹤，結果發現年齡介於30-40歲者，血糖維持在70-80mg/dL之間，但從40歲以後，血糖開始向上攀升，60歲的存活者血糖已達90mg/dL以上，80歲時存活者血糖平均值已到了105mg/dL，雖然血糖90mg/dL以上尚未到達臨床糖尿病的認定標準（請特別注意糖尿病的訂定標準在126mg/dL以上），但是對於大部分的成人而言，我們必須思考血糖90mg/dL以上算不算新陳代謝已經開始退化了呢（**圖1-1**）？

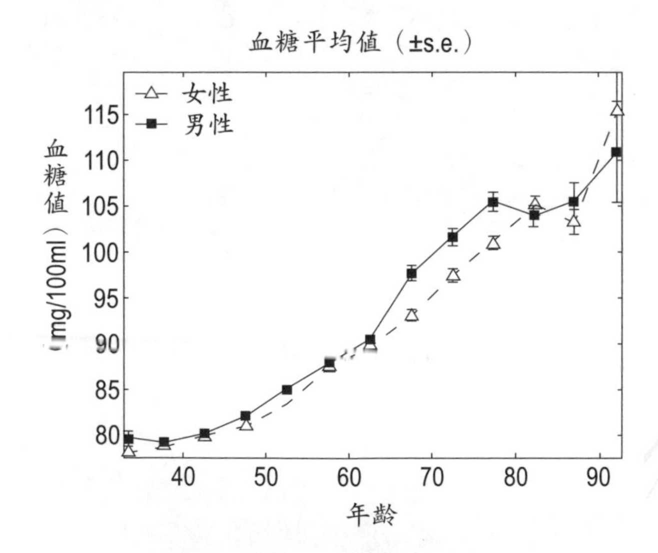

圖1-1　血糖在40歲後逐年上升

註：s.e.為標準誤差standard error的縮寫。
資料來源：Yashin et al. (2009).

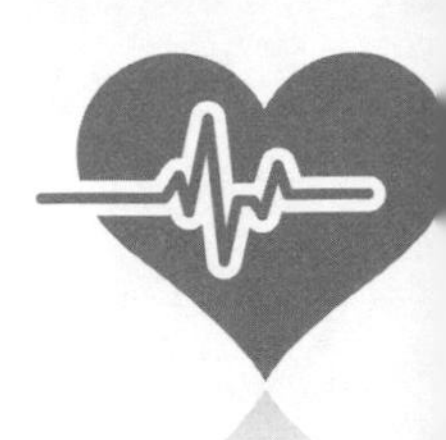

血糖隨年齡上升，發生較早者壽命較短

美國佛明罕心臟研究計畫從1948年開始對參與實驗的民眾進行血糖追蹤，至今存活者人數已不到五分之一，血糖隨年齡增加的幅度在人群中有很大的個別差異，有的人上升得快，有的人上升得慢。該研究發現這個個別差異與壽命有關，並進一步將已逝世的社區民眾依壽命分成五組，回過頭去看他們的血糖軌跡，**圖1-2A**為女性，**圖1-2B**為男性，從**圖1-2**裡可以得知，幾乎所有人在死亡前幾年共同的徵兆皆為血糖加快攀升（曲率增加），其中以壽命低於60歲組的血糖攀升時間最早，而活得越久的人，血糖隨年齡的攀升情形發生最晚。這個數據告訴我們：血糖在短期內攀升是死亡的重要前兆。

這個數據給我們一個重要啟示，到底血糖多高才算高？我們都知道美國糖尿病學會（American Diabetes Association, ADA）為了讓臨床上有診斷標準，將血糖值100mg/dL以上者稱為準糖尿病（Pre-diabetes）、126mg/dL以上者為糖尿病。許多人仍然認為血糖在100mg/dL不算嚴重，但我們現在知道血糖上升過程所造成的慢性發炎（Ling et al., 2003; Yan et al., 2008），經證實是造成心血管疾病、中風、癌症、關節炎、高血壓、失智等發展的共同起因（Prasad et al., 2011）。如果我們以死亡率作為好壞唯一的界定標準，那麼依美國佛明罕心臟研究的結果顯示，血糖高到90mg/dL以上就不算太好，且攀升越快越不好。壽命最短的那組（壽命不到60歲組），血糖增加到90mg/dL以上者大部分已死亡。

正常人在飯後血糖自然增加，高血糖刺激了胰臟分泌胰島素釋放到血液中，胰島素透過血液循環到全身，直接促進肌肉組織讓細胞膜門戶大開，使血液中的葡萄糖進入細胞，吸收儲存為肝醣。

A. 女性血糖平均值（±s.e.）

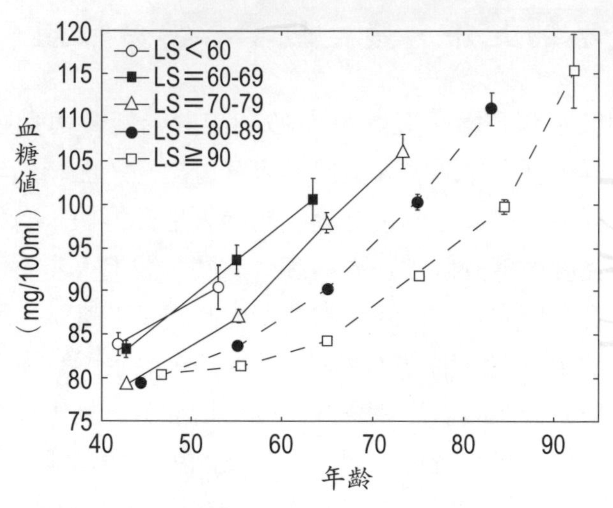

B. 男性血糖平均值（±s.e.）

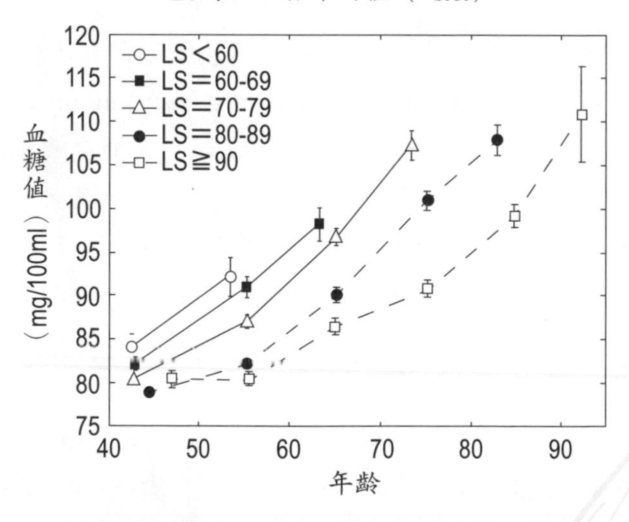

圖1-2　血糖上升速度愈快的成人壽命愈短

註：LS為壽命life span的縮寫。
資料來源：Yashin et al. (2009).

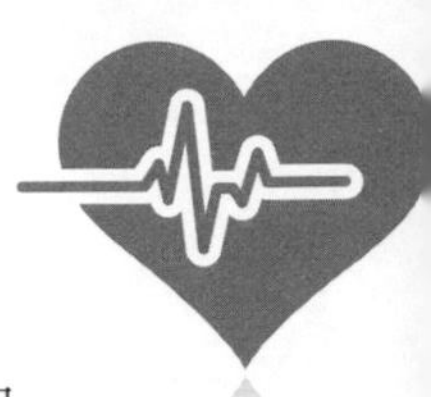

胰島素同時也促進其他養分（胺基酸與脂肪酸）的吸收與儲存。因此，正常年輕人飯後上升的血糖可以在很短的時間內回到原來的水準。血糖下降速度越慢，代表肌肉對胰島素敏感度下降，肝醣儲存能力也因而越差。肌肉所儲存的肝醣是耐力運動的重要能源，用來支持快速的肌肉收縮。隨著年齡的增加，由於肌肉組織對胰島素的敏感度下降，使肌肉吸收血糖的能力下降，進而造成高血糖，這個現象可部分解釋「年齡增加，體能恢復慢」的原因。

二、運動改善血糖

血糖隨年齡增加的現象，在成人中有很大的個別差異，而影響這個差異性的重要因素為身體缺乏運動的程度（Mayer-Davis et al., 1998）。**圖1-2**中顯示，體能活動越缺乏者，身體對胰島素的敏感度越低，其血糖控制能力也越差，實驗證明，從事運動強度高且每星期頻率越高者，其胰島素敏感度越好，見**圖1-3**。低強度運動（相對於自己的負荷能力）改善胰島素敏感度的效果並不顯著。

(一) 腹腰部肥胖促進血糖上升加速老化

腹腰部肥胖是加速人體老化的重要因素（體重未必很重），腹腰部肥胖與缺乏運動有直接關係，肥胖者血糖（特別是飯後血糖）比正常年輕人高。正常人體的脂肪細胞與肌肉細胞平時不斷的互相連絡，告知彼此的能源儲存與使用狀態。脂肪細胞儲存太多能源時，反映出身體已有足夠的長程能源儲備，此時脂肪細胞將釋放出一些荷爾蒙與化學訊息，透過血液循環，告知肌肉細胞沒有必要再

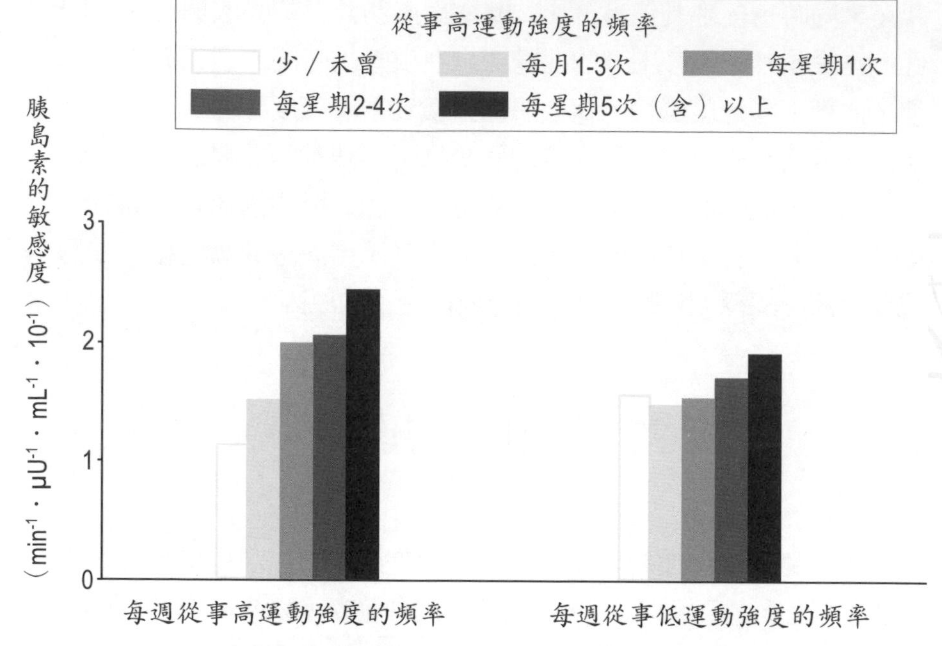

圖1-3　身體對胰島素的敏感度與體能活動量呈正比

資料來源：Mayer-Davis et al. (1998).

吸收儲存能源，使肌肉對胰島素的敏感度下調，身體各細胞將不再無限量的吸收養分。是以，肌肉組織這個全身最主要的醣類儲存庫在飯後吸收儲存血糖的能力下降，直接造成飯後高血糖（即葡萄糖耐受度下降）。因此，防止腰部脂肪囤積是改善血糖控制的重點，且必須要靠規律運動來達成。

肌肉承受挑戰後，肌肉肝醣立即減少，這個能源缺乏狀態可促使肌肉釋放出荷爾蒙，連絡脂肪組織與肝臟釋放出所儲存的能源（Pedersen et al., 2012, 2007），肌肉組織此時對胰島素敏感度自然增加，使全身能源儲存的三個主要位置：肌肉、脂肪組織、肝臟，

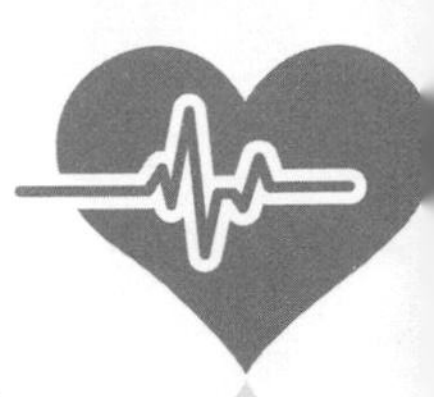

在能源儲存分配上重新洗牌。因此，經常運動的人，身材改變的效果比體重改變的效果更明顯。

典型耐力運動（一般所謂的有氧運動）可以造成肌肉暫時能源短缺，進而使肌肉對胰島素的敏感度提高；重量訓練則透過不同機轉來增加胰島素敏感度（**表1-1**）。肌肉承受阻力可加速老化細胞或不健康細胞的凋亡，促使新細胞成長，使細胞汰舊換新。新生細胞對胰島素的敏感度較高，因此有比較好的吸收血糖能力，使飯後高血糖時間縮短。在肌力訓練後肌肉短暫的發炎現象可強化肌肉的內在結構，換來肌肉組織長期的抗發炎能力（老壞細胞或不健康細胞越多的組織越容易發炎）。然而，必須要注意的是，只有被挑戰動員到的肌纖維才可能發生上述細胞更新的作用。因此，從事不同種類的運動，挑戰不同部位的肌群與從事運動強度較高的體能活動，動員越多的肌纖維，對於減少腹部脂肪、增加肌肉量、改善代謝狀態有更好的效果。與耐力運動相較，肌力訓練對於有高血糖的中老年人有較顯著的改善效果（Cauza et al., 2005）。

(二) 60歲前體重與體脂肪持續增加

從青少年開始，體重越重，健康風險就越高。20歲以後體重逐漸增加直到60歲，體重增加速度越快，壽命就越短（Hubert, 1986），這個時期體重增加大多歸因於體脂肪增加；然而，70歲以後體重開始明顯下降，下降速度越快者壽命通常越短（Alley et al., 2010），此時期的體重下降通常是跟肌肉質量減少有關（**圖1-4**）。這個現象與肌力下降的現象合稱為肌肉減少症（Sarcopenia）。因此，以BMI來測量肥胖程度須限於60歲以前。但無論老少，短時間內BMI突然下降者均須特別留意是否導因於第一型糖尿病或惡性腫瘤所致。

表1-1　肌力訓練改善高血糖的效果比耐力訓練更好

代謝指標	肌力訓練	耐力訓練	顯著差異
血糖（Blood Glucose, mg/dL）			
運動訓練前	204±16	160±9	有
運動訓練後	147±8	159±10	
差異	－57	－1	有
顯著差異	<.001	無	
胰島素（Plasma Insulin, pmol/L）			
運動訓練前	130.9±17.9	105.12±18.84	無
運動訓練後	118.4±18.2	125.58±23.34	
差異	－12.5	20.46	有
顯著差異	無	無	
糖化血色素（Hb A1c, %）			
運動訓練前	8.3±1.7	7.7±0.3	無
運動訓練後	7.1±0.2	7.4±0.3	
差異	－1.2	0.3	有
顯著差異	0.001	無	
抗胰島素阻抗（HOMA-IR）			
運動訓練前	9.1±1.5	6.8±1.4	無
運動訓練後	7.2±1.2	8.4±1.9	
差異	－2.0	1.5	有
顯著差異	0.004	無	
膽固醇（Cholesterol, mg/dL）			
運動訓練前	207±8	194±8	無
運動訓練後	184±7	191±7	
差異	－23	－3	有
顯著差異	<0.001	無	
高密度脂蛋白（HDL-C, mg/dL）			
運動訓練前	43±3	51±4	無
運動訓練後	48±2	52±16	
差異	5	1	無
顯著差異	0.004	無	
低密度脂蛋白（LDL-C, mg/dL）			
運動訓練前	120±8	108±9	無
運動訓練後	106±8	102±9	
差異	－14	－6	無
顯著差異	0.004	無	

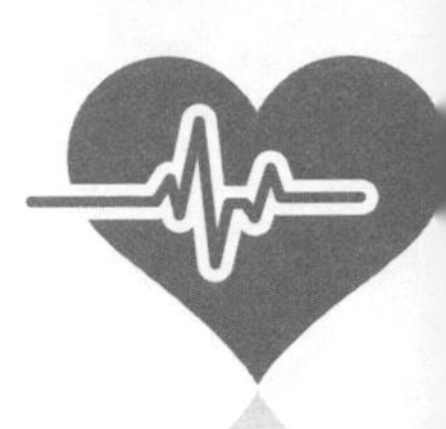

（續）表1-1　肌力訓練改善高血糖的效果比耐力訓練更好

代謝指標	肌力訓練	耐力訓練	顯著差異
三酸甘油酯（TC, mg/dL）			
運動訓練前	229±25	146±14	有
運動訓練後	150±15	145±15	
差異	−79	−1	有
顯著差異	0.001	無	
收縮壓（SBP, mmHg）			
運動訓練前	138±3	141±14	無
運動訓練後	119±3	121±3	
差異	−19	−20	無
顯著差異	<0.001	0.002	
舒張壓（DBP, mmHg）			
運動訓練前	84±2	87±2	無
運動訓練後	76±2	74±2	
差異	−8	−13	無
顯著差異	<0.001	0.001	

資料來源：Cauza et al. (2005).

(三) 參與較高強度運動者未來壽命較長

總體而言，有動比沒有動活得久（Wen et al., 2012），但以降低死亡率的明顯程度而言，運動強度高者，未來壽命也越長（Lee, & Paffenbarger, 2000; Lee et al., 2003; Oguma et al., 2002）。《哈佛大學校友健康研究》（*The Harvard Alumni Study*）一書中最早發現，從事輕度運動者，隨著運動熱量消耗的增加，未來死亡率介於13-16（每千人死亡個案）之間，且參與輕度活動者的壽命並沒有因運動總熱量增加的程度（運動時間增長）而降低死亡率；從事中度與高強度運動者，未來死亡率介於11-14（每千人死亡個案）之間，且能量消耗越多，活得越久。這些證據顯示，運動強度的多寡、總熱量的消耗與壽命呈現正相關。輕度運動雖可能有一些健康效益，

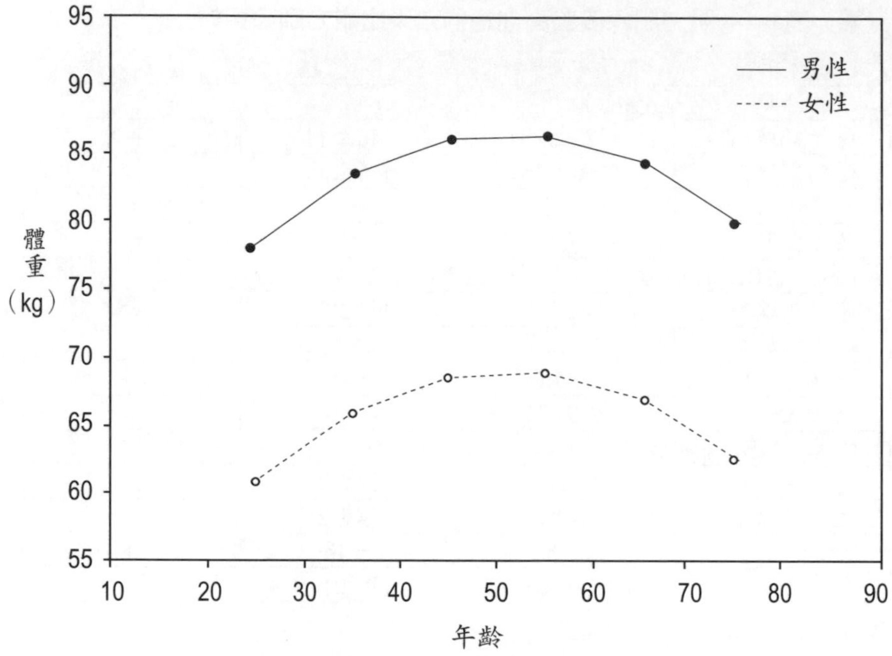

圖1-4　人體體重隨年齡的變化

註：生命期體重變化自70歲開始明顯下降。
資料來源：Fleg et al. (2005).

但效果相對比較不明顯。過去有關運動量與未來壽命長短的長期追蹤研究相當多，目前已確認運動強度與未來壽命延長存在劑量關係，從事強度較高的運動（Vigorous Exercise and Sports）比其他類型身體活動量的長壽效果更好（Samitz et al., 2011）。表1-2A顯示，參與體育活動者如果每星期活動時間超過300分鐘，相對死亡風險可降低到原有的六成一；另外，女性參與運動所獲得的好處似乎比男性更多，見表1-2B。所謂高強度運動的界定是以自己所能負荷的八成以上強度進行運動，因此每個人的絕對運動強度不盡相同。

表1-2　運動與延長壽命的關聯性

A. 從事高運動強度者，運動時間越長，延長壽命的效果越好

體能活動的種類與範圍	運動所消耗的熱量	未來死亡風險		
		60分鐘 （75分鐘）	150分鐘	300分鐘
高運動強度／體育競技運動	8	0.91 (0.87-0.94) [0.89 (0.85-0.93)]	0.78 (0.72-0.88)	0.61（0.51-0.74)
中高運動強度休閒活動	6	0.94 (0.92-0.97)	0.86 (0.80-0.92)	0.74 (0.65-0.85)
低運動強度	4	0.96 (0.93-0.98)	0.90 (0.84-0.96)	0.81 (0.71-0.92)
走路	10	0.97 (0.95-0.99)	0.93 (0.87-0.97)	0.86 (0.79-0.95)
步行或騎自行車上班	5	0.97 (0.94-1.00)	0.92 (0.86-0.99)	0.85 (0.74-0.99)

B. 男女參與運動可延長壽命的效果比較

性別	運動所消耗的熱量	未來死亡風險			
		500大卡	1,000大卡	2,000大卡	3,000大卡
男性	5	0.97 (0.95-0.98)	0.93 (0.91-0.96)	0.87 (0.83-0.92)	0.81 (0.75-0.88)
女性	4	0.92 (0.90-0.94)	0.85 (0.81-0.89)	0.72 (0.65-0.79)	0.61 (0.53-0.70)
合併	8	0.94 (0.92-0.96)	0.89 (0.85-0.93)	0.78 (0.72-0.86)	0.69 (0.61-0.79)

註：相對死亡風險數值1代表正常人，低於1代表死亡風險下降，高於1則代表死亡風險上升。

資料來源：Fleg et al. (2005).

(四) 體能活動量下降在青少年階段最明顯

無論動物與人類，體能活動量從生命期的前三分之一即已開始明顯下降，人體從6歲以後，活動量即開始些微下降，下降速度最快的階段為青少年時期（13-17歲）。年齡越大，活動量越小（Sallis, 2000）。前面的研究數據告訴我們，能透過運動挑戰到越多肌肉組織者的壽命偏長。高齡者無法承受日常生活中較大的體能挑戰，將影響他們參與休閒活動的能力，成為生命品質下降的主因。壽命較長通常也反映老化速度較慢。老化速度比較快者不僅僅只有存活時間變短，通常也伴隨體能變差、容貌退化。因此，利用定期訓練來維持好體能是享受人生與維持健康的重要基礎。

(五) 70歲後體重與肌肉質量下降

從巴爾帝摩社區居民的長期追蹤研究中發現，成人在20-60歲肌肉質量的變化不大，60歲開始，肌肉質量開始下降，70歲以後迅速下降，男女趨勢相同（見**圖1-5**）。肌肉組織為飯後身體最大的醣類儲存庫（DeFronzo et al., 1981）。因此，肌肉量下降速度快，將使血糖控制能力同時受到影響，進而使代謝退化速度更快，所有代謝症候群同時快速發展。因此，年齡越大（70歲以上），越需要嚴密監控肌肉量下降與血糖上升的情形。目前，肌肉量的測量可使用核磁共振影像系統（MRI）和雙能量放射線吸收測量法（Dual-energy X-ray Absorptiometry, DXA）。血糖監控方面，使用市面上大部分廠牌的血糖機都可達到一定的準確度。

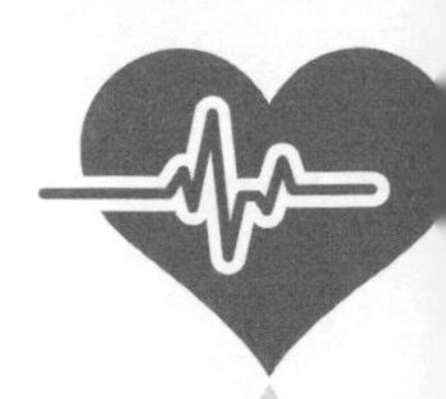

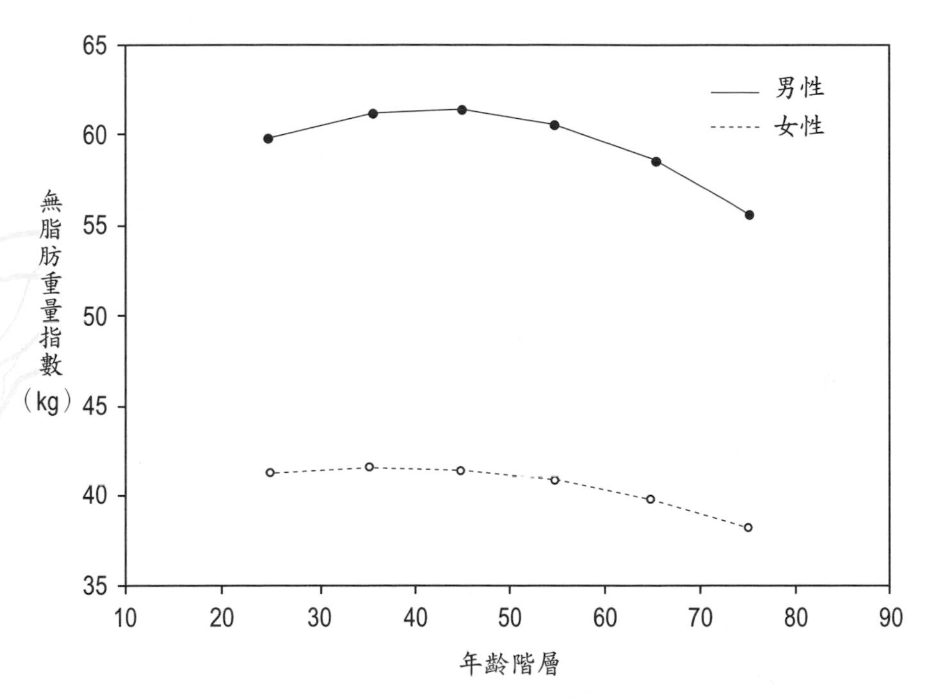

圖1-5　無脂肪重量指數的長期變化

註：無脂肪重量指數（Fat Free Mass）：指去除脂肪之後的容量，包括肌肉量、骨骼量及身體含水量。身體去脂肪後的體重（肌肉與骨骼加總）在60歲後開始下降，70歲後加速下降。

資料來源：Fleg et al. (2005).

(六) 維持肌力比維持肌肉量更重要

根據Health ABC研究結果顯示，雖然70歲以後肌肉質量與肌力同時下降，尤其以肌力退化現象對於死亡具有更強的預測力（Newman et al., 2006）。因此，維持肌力對於老年人而言，是更重要的生存目標。Health ABC的研究對象為3,075名70-79歲的長者，男性（占48.4%）和女性（占51.6%），其中有41.6%為美國黑人，

進行為期6年的追蹤。研究者將高齡參與者依下肢肌力大小區分為4組：肌力大於170Nm、肌力介於130-170Nm、肌力介於90-130Nm、肌力小於90Nm（如圖1-6A），四條線在72個月的觀察期存活人數下降速度最快者，為下肢肌力小於90Nm的高齡者，死亡率遠高於其餘3組。上肢肌力（握力）對於死亡的預測力也相當類似（如圖1-6B）。

(七) 肌力訓練後立即用餐效果佳

年齡70歲以後進入到肌肉快速萎縮期，要對抗肌力與肌肉量隨年齡衰退的現象，肌力訓練或重量訓練是很有效的運動訓練模式，其效果容易彰顯。然而，訓練後應儘速用餐，不可拖太久，否則訓練效果可能看不出來（Esmarck et al., 2001）（如圖1-7）。肌肉為全身蛋白質的主要儲藏庫。正常人體肌肉細胞內的蛋白質隨時在分解，也隨時在合成，維持恆定。運動的過程中肌肉蛋白分解速度雖然增加，但同時誘發蛋白合成速度增加。肌肉承受挑戰越多，身體會自動分配較多的資源給被動員到的肌肉組織（包括養分、生長因子、胰島素、幹細胞）。因此，挑戰肌肉反而是增加肌肉生長的好方法。但如果沒有及時補充所需的資源，肌肉必須分解犧牲原肌肉所剩餘的資源包括肌肉蛋白，來補肌肉運動後的能源不足，因此訓練效果不佳。

丹麥肌肉研究中心針對13名高齡男性（年齡74±1歲）進行12週的阻力訓練計畫，每週3次。在每次運動訓練後將他們分成兩組，訓練內容相同，補充的餐點也相同，兩組的差異為運動後補充餐點的時間不同：立即補充（P0）或2小時後補充（P2），我們從圖1-8可以看出訓練效果差異相當顯著，P2組效果並不十分理想。

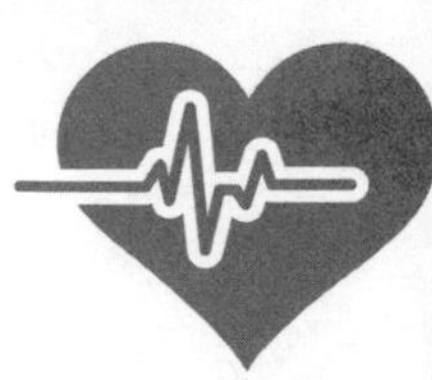

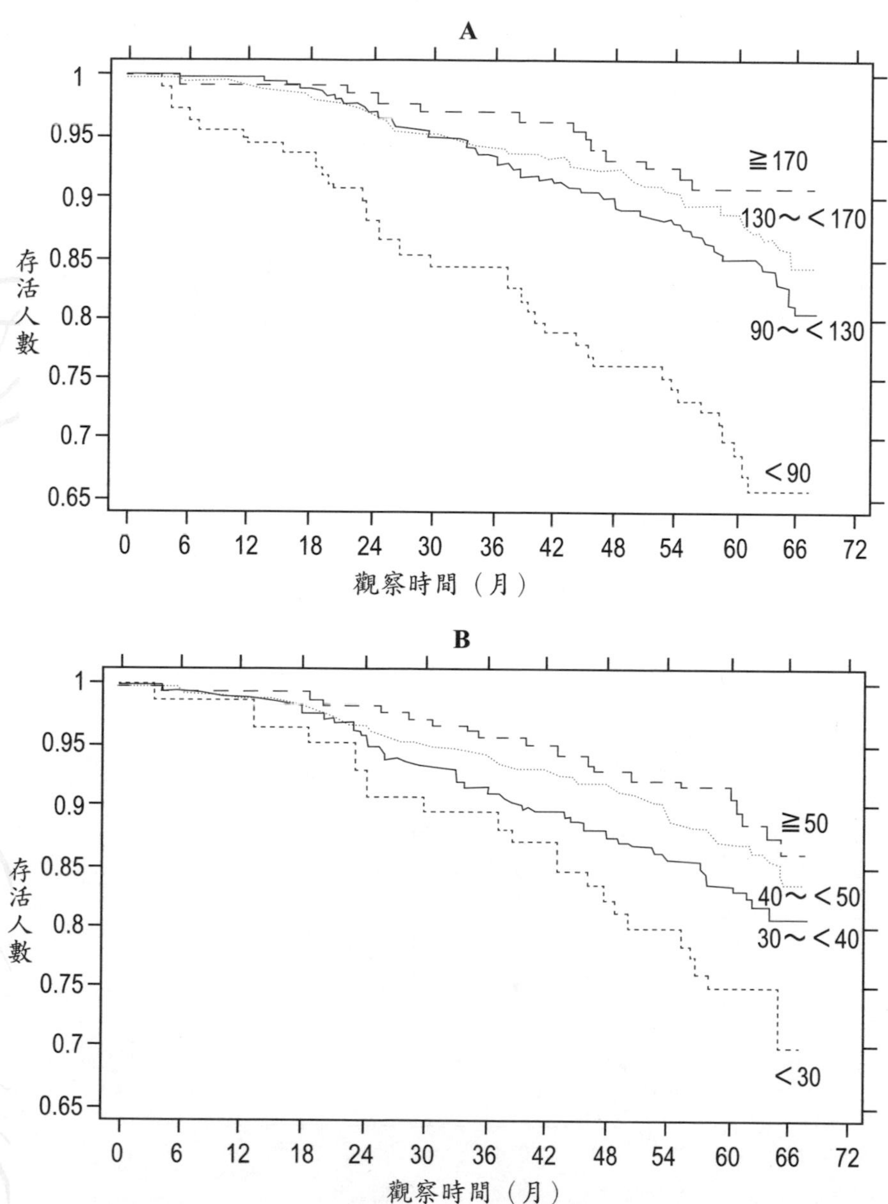

圖1-6　肌力偏低的高齡者壽命較短

註：存活人數數列中，1代表100%、0.7代表剩70%。

資料來源：Newman et al. (2006).

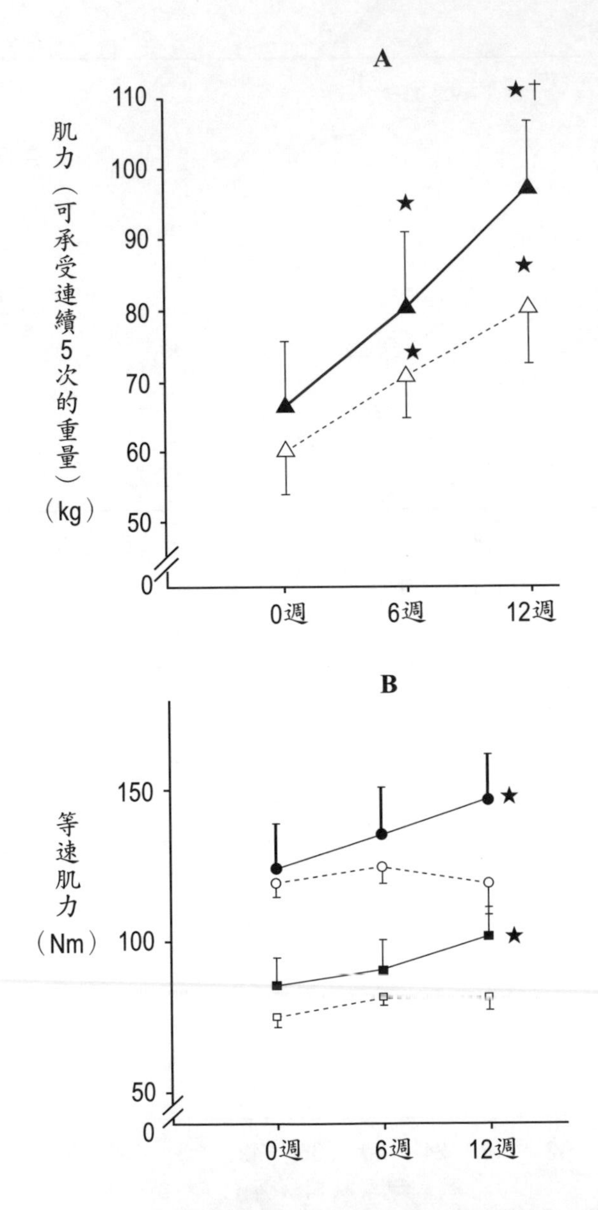

圖1-7　重量訓練後太晚用餐將影響肌力增加的效果

註：實線＝重量訓練後立刻用餐組；虛線＝重量訓練後延後2小時用餐組。
資料來源：Esmarck et al. (2001).

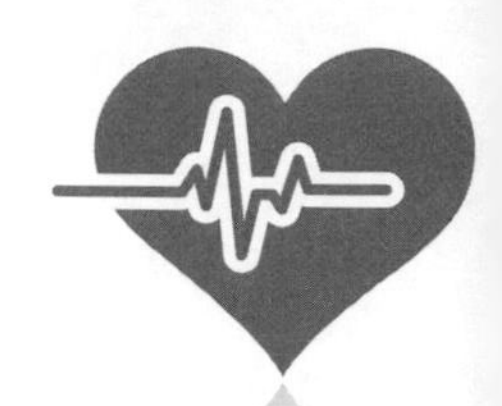

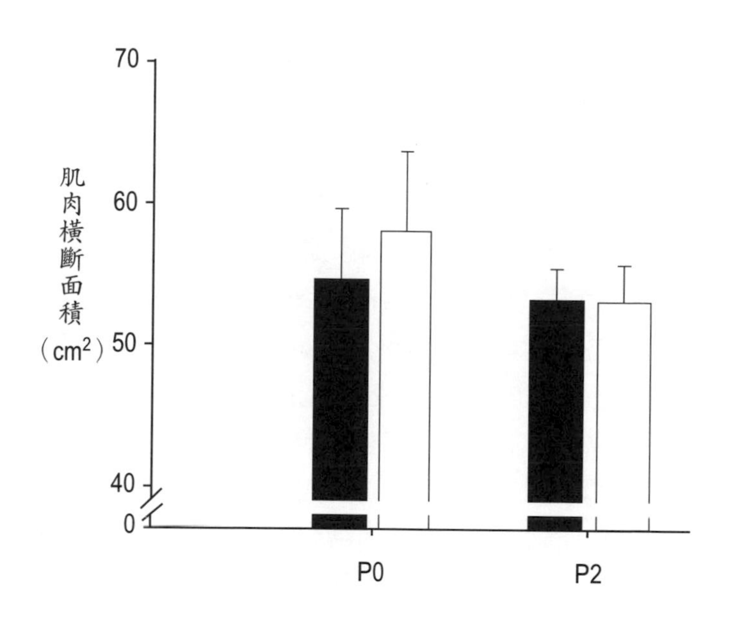

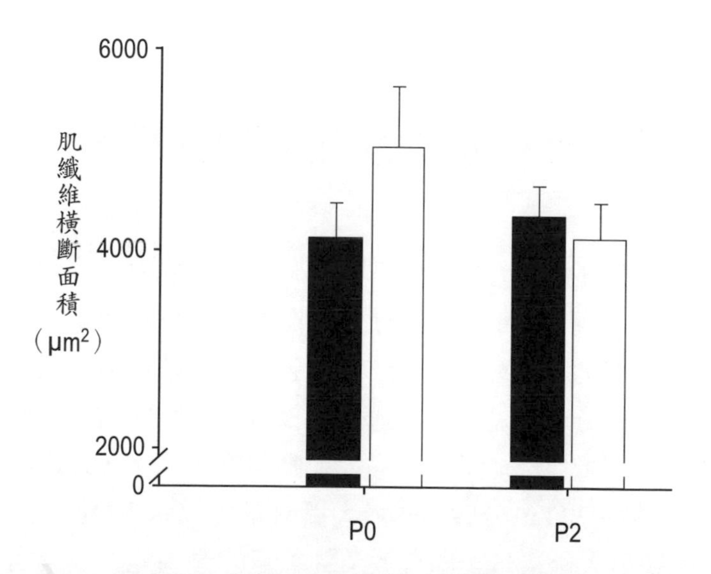

圖1-8　重量訓練後用餐時間對肌肉纖維增粗效果的影響

註：P0＝重量訓練後立刻用餐組；P2＝重量訓練後延後2小時用餐組。
資料來源：Esmarck et al. (2001).

(八) 重量訓練實務

重量訓練必須要有專業教練陪同教導，沒有監督的培訓課程將可能造成運動傷害，反而可能使未來處於更缺乏運動的情境。重量訓練前應先進行5至10分鐘的熱身。上述研究阻力訓練包括三個不同肌肉部位的練習：腿部（Casall，蹬腿）、背闊肌（LAT）下拉和伸膝（泰諾健腿）等阻力訓練，但切記挑戰肌群越廣泛，改善健康的效果越好。在教練監督下，每日可進行2小時。剛開始通常須經過一週的測試來幫助瞭解自己的最高負荷極限在哪裡，以便未來設計出適合自己能力的訓練課程。由圖1-7與圖1-8，我們發現老人進行重量訓練，肌力仍可明顯的成長，且運動後立即用餐（P0），增加肌肉及肌力的效果明顯較佳。

三、有氧運動能力隨年齡下降

人體的有氧運動能力隨年齡下降，有氧運動能力反映兩個重要功能的組合：(1) 肺部將空氣中的氧吸收後透過心血管系統運輸到全身各組織的能力（心輸出量），(2) 全身各組織利用氧氣的能力（動脈與靜脈的氧濃度差異）。通常測量有氧運動能力以逐漸增加運動強度，來測量自己能承受的最大運動強度是多少，以當時的身體最大氧氣消耗速度為分數，即最大攝氧量（Peak VO_2，或稱VO_2 max）。所謂最大攝氧量，即有效消耗氧氣的最大能力，為有氧體能的黃金指標，其計算公式為：

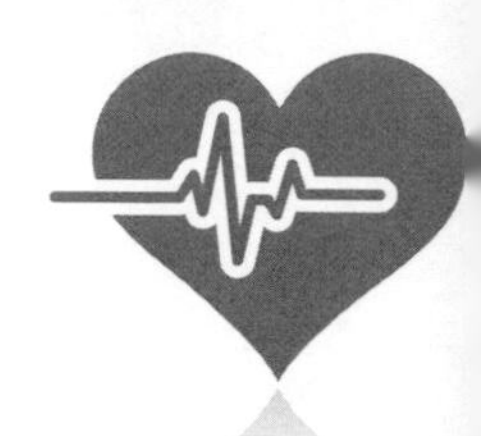

$$\text{Peak } VO_2 = Q \times (a - vO_2 \text{ diff})$$

說明：1. V（Volume）＝數量。

2. Q＝心輸出量：指單位時間內，心臟將通過肺的血液氧氣輸送給全身的量。

3. a－vO_2 diff＝動靜脈含氧差：代表100毫升的血液一次體循環時組織所消耗的氧氣量，其中a（arterial）表示動脈；v（venus）為靜脈。

男、女在20-30歲時仍有上升空間，30歲以後男、女性的最大攝氧量（心肺功能）皆下降（Fleg et al., 2005）（**圖1-9**）。Peak VO_2越高，承受耐力性體能挑戰的能力也越高。最大攝氧量開始下降，也影響個人從事長時間高活動量休閒的能力。

(一) 運動訓練對於逆轉有氧能力的效果有限

過去研究將社區民眾平時的體能活動量用問卷調查的方式，分為三類：

1. Activity 0與1級者為缺乏運動者。
2. Activity 2級者為少量運動者。
3. Activity 3級者為經常運動者。

由**圖1-10**可知，20歲時Activity 0與1級的Peak VO_2較差，缺乏運動者有氧運動能力越差。30歲之後Peak VO_2不斷大幅下降直到80歲。以Activity 2與3級來看，Peak VO_2由53下降至37，總共下降30%。隨著年齡增加，Peak VO_2不斷下降，即使有運動訓練也只能維持稍微較好的狀態，下降的趨勢仍無法避免。

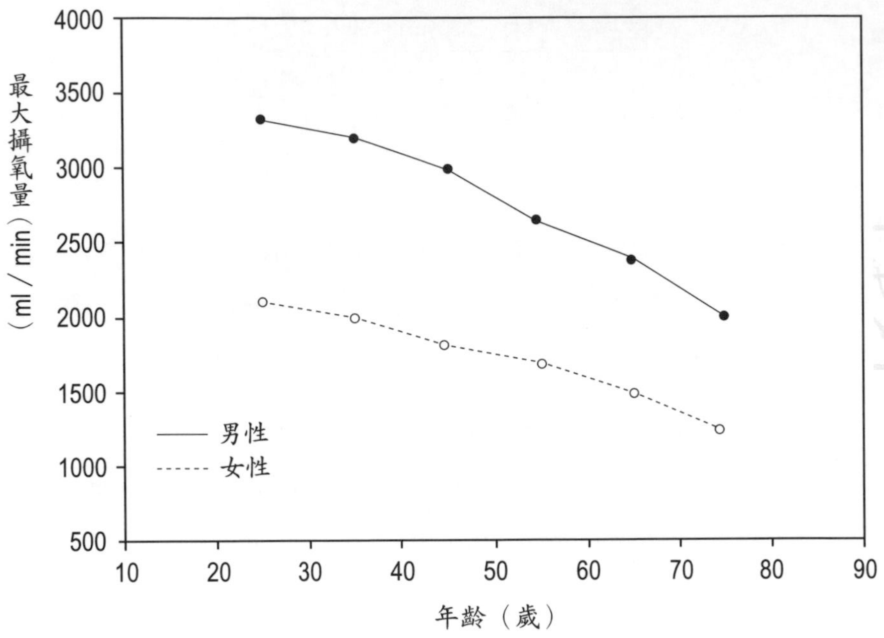

圖1-9　最大有氧運動能力隨年齡的變化

註：身體最大有氧運動能力在30歲以後逐漸下降。
資料來源：Fleg et al. (2005).

(二) 熱量攝取少，活動量反而較高

運動使人體處在缺乏能量的狀態。另外一種使人處於缺乏狀態的方式是減少食物攝取。到目前為止，還沒有人類的實驗透過控制一群人體受試者的飲食來觀察他們的存活時間是否與其他人有差別。人的生命周期是比較長的，在實務上不易實施。目前所有的證據皆來自生命周期較短的實驗動物。讓一個動物處於吃不飽但也不會饑餓的狀態，確實是可以讓動物的老化速度減緩、壽命延長、各種老化疾病延後發生，包括癌症、細菌感染及糖尿病等等。這些結

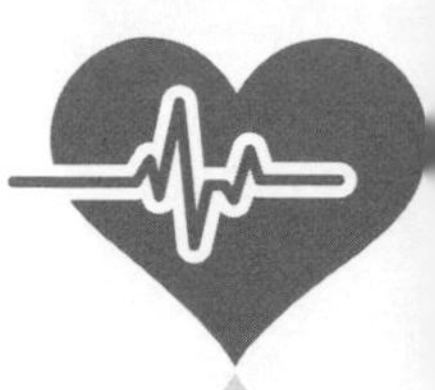

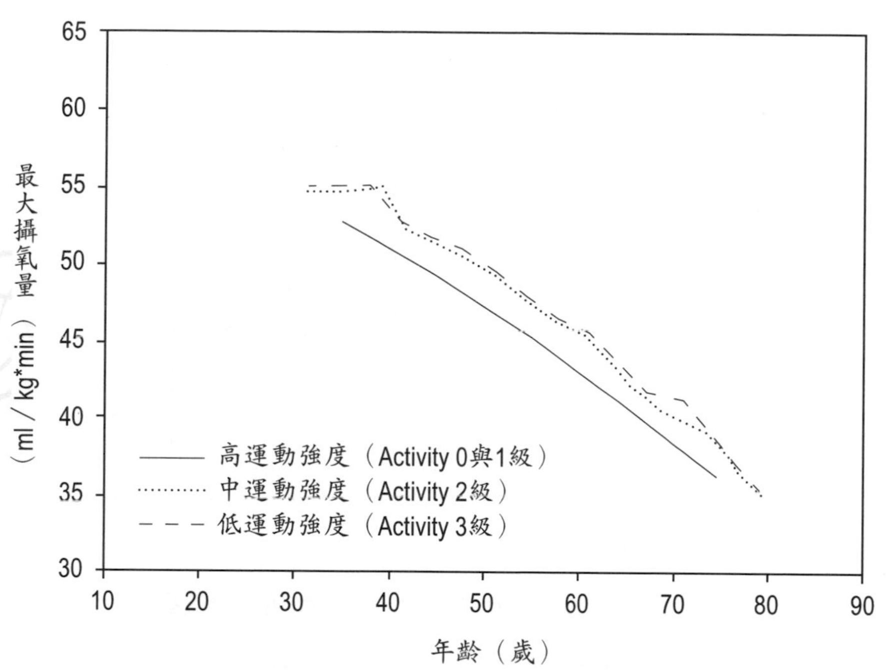

圖1-10 運動對於逆轉有氧運動能力退化效果有限

資料來源：Fleg et al. (2005).

果有相當的一致性，並不因動物種類而異。但這種缺乏能量是欠缺穩定性和不均衡的狀態，並不等於經濟條件落後地區饑荒的情形，通常還伴隨著衛生條件不佳的生活狀況。

如果每天僅攝取70%的熱量，那身體的活動量會不會因此受到影響，沒有足夠能量來活動？證據顯示了相反的結果，由**圖1-11**來看，這是A和C的自然活動量，A組是自由飲食組，C組是飲食熱量控制組，兩組比較下來，C組的運動量反而是比較高的，甚至在死亡之前，C組的運動量還是明顯高於A組，自由攝取食物的動物在死亡之前的體能活動量幾乎接近0。

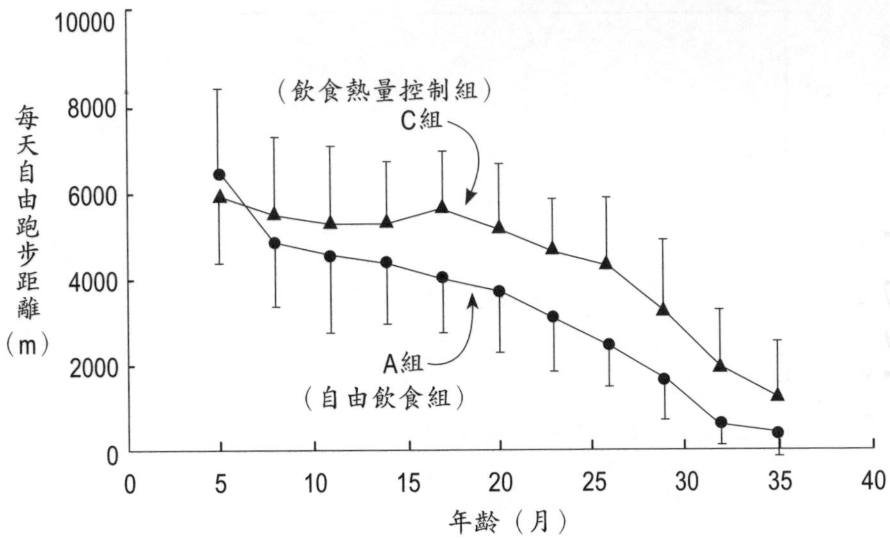

圖1-11　飲食受節制的動物自然身體活動量較高

資料來源：Holloszy, J. O. (1997).

(三) 運動可幫助身體細胞汰舊換新

為什麼運動可以使人活得比較久，有幾個重要的原因：(1) 運動防止肥胖，肥胖者壽命較短，特別是腹腰部肥胖者，多半加速新陳代謝的退化情形；(2) 運動使肌肉的醣類儲存能力增加，血糖控制能力因此改善，避免高血糖所誘發的併發症；(3) 運動造成細胞死亡，同時誘發細胞的新生，使身體能汰舊換新。

身體大部分的細胞並不能活太久，因此人體有一套汰舊換新的機制，避免組織中大部分細胞群老化後無法有效因應每日所面對的環境挑戰。這個汰舊換新機制稱為發炎反應（Inflammation），發炎反應過程的特徵為組織有紅腫熱痛與功能受到抑制的現象。發炎為

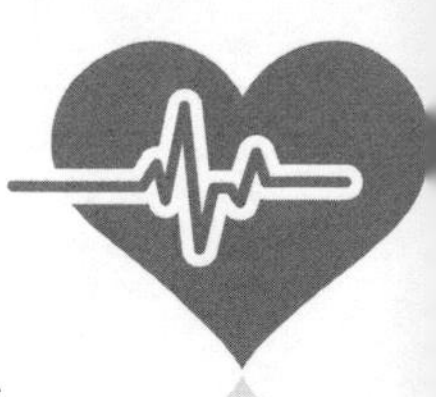

身體各組織細胞彼此反映危險狀態，並促進不健康或老舊組織恢復原狀的一個通用程序。造成發炎反應的原因包括：細胞自然老化、受感染、物理性挑戰等環境因素。這些狀態共同的特徵為促使組織中生物材質結構特性的改變，這個結構特性改變可被先天免疫系統識別出來，引導免疫細胞滲入被挑戰的組織中，集中在不健康的細胞周圍，啟動發炎反應並指揮重建（幹細胞再生），直到細胞汰舊換新完成。

發炎反應有三個主要步驟：

1. 消滅不健康的老舊細胞（St Pierre & Tidball, 1994）：這個破壞過程比較短，約在一天以內完成。較老舊或承受挑戰的不健康細胞被先天免疫細胞識別出來，進而被吞噬，這個類型的吞噬免疫細胞稱為巨噬細胞（Macrophage），源自於血液中的白血球。細胞外的蛋白質有時因血糖濃度高，使得蛋白質被糖化；自由基濃度高，而使蛋白質氧化或被感染，使細胞表現異類蛋白質等，均可被巨噬細胞認出，並吞噬這些已不太健康的細胞，釋放大量的自由基將細胞溶解破壞掉，或促進細胞自我凋亡。但此時疼痛並不明顯。
2. 細胞重新再生（Tidball & Wehling-Henricks, 2007）：這個重建過程超過一週。受傷組織中不健康的細胞被清除的同時，巨噬細胞開始透過化學與生物訊息吸收周圍組織或血液中的幹細胞進入後開始增生到恢復原狀為止。此時組織會有疼痛感，來抑制細胞再生過程再度受挑戰。
3. 清除少數突變細胞（Theresa, 2006）：在重建過程，涉及到新細胞的大量增生，因此難免產生少數自然突變的細胞。這些突變細胞短時間內會被免疫系統識別出來，進而被毒殺，使得再生出來的組織最後形成均質的細胞群。

新生的細胞群較原先的老化細胞有更好的環境調適能力。身體透過汰舊換新過程，改變了組織中細胞的老中青分配結構，使組織強化。發炎對於運動後的肌纖維型態改變與適應不同類型運動挑戰（耐力、速度等）的能力，扮演極為重要的角色，但細胞重新建設所需的時間比較長。因此，運動後需要一段恢復時間；而運動訓練強度越高，肌肉損傷程度也越高，恢復時間相對要越長。

相對於有氧訓練，阻力訓練（重量訓練）比較容易導致肌肉受傷，是比較能誘發細胞汰舊換新的訓練方式。細胞再生的過程中通常伴隨疼痛感，它的目的是在告訴身體：細胞尚未全部更新前，減少挑戰以利恢復。經過了一次的細胞汰舊換新，再次承受相同挑戰，將不再發生相同程度的疼痛感。訓練強度對於被挑戰的細胞數量扮演重要角色，強度更大的訓練或挑戰不同肌群才能使更大範圍的肌肉細胞被更新。

運動的適應是有專一性的，每天重複同一動作的運動時，身材也會隨著改變。如果每天一直重複做伏地挺身，胸肌會逐漸增加，一個月後做伏地挺身將不再造成痠痛，但突然改做其他不常做的運動，如打太極拳或氣功，打完後身體仍然會痠痛，這是告訴我們不同的運動挑戰不同的肌肉。所以多從事不同的運動，會使人體不同的部位產生發炎反應，讓更多部位的細胞都有機會汰舊換新，使身體更能保持年輕。所以在年輕時學習越多種運動越好；在學生時期，應學習兩種以上的不同運動，挑戰不同的肌群。

細胞自然死亡就像汽車零件舊了需要更換一樣，不應該等到汽車50%以上的零件老舊了才更換，因為幾個老舊零件功能下降將加重其他部分零件的負荷，拖累整個系統，最後變成難以收拾的狀態。因此，早一點透過各類型的運動進行組織細胞更新，將使身體不再因承受挑戰而容易產生發炎現象。人體通常最害怕的是沒有停止的汰舊換新，也就是長期低程度的發炎現象（Chronic Low Grade

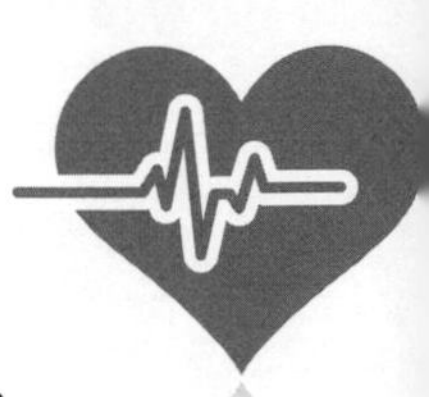

Inflammation）。這個現象將造成自由基累積來不及清除，使血管與其他組織（皮膚、關節軟骨）不斷遭受攻擊而變質，而且汰舊換新過程無可避免的突變細胞累積，也將使心血管疾病、風濕性關節痛與癌症機率增加。因此，多運動是防止心臟病與許多癌症的重要方法，這也解釋了為什麼常進行高強度運動的人壽命比較長、看起來也比較年輕的原因。

參考文獻

Alley, D. E., Metter, E. J., Griswold, M. E., Harris, T. B., Simonsick, E. M., Longo, D. L. & Ferrucci, L. (2010). Changes in Weight at the End of Life: Characterizing Weight Loss by Time to Death in a Cohort Study of Older Men. *American Journal of Epidemiology*, 172: 558-565.

Cauza, E., Hanusch-Enserer, U., Strasser, B., Ludvik, B., Metz-Schimmerl, S., Pacini, G., Wagner, O., Georg, P., Prager, R., Kostner, K., Dunky, A. & Haber, P. (2005). The Relative Benefits of Endurance and Strength Training on the Metabolic Factors and Muscle Function of People with Type 2 Diabetes Mellitus. *Archives of Physical Medicine and Rehabilitation*, 86: 1527-1533.

DeFronzo, R. A., Jacot, E., Jequier, E., Maeder, E., Wahren, J. & Felber, J. P. (1981). The Effect of Insulin on the Disposal of Intravenous Glucose. Results from Indirect Calorimetry and Hepatic and Femoral Venous Catheterization. *Diabetes*, 30: 1000-1007.

Esmarck, B., Andersen, J. L., Olsen, S., Richter, E. A., Mizuno, M. & Kjær, M. (2001). Timing of Postexercise Protein Intake Is Important for Muscle Hypertrophy with Resistance Training in Elderly Humans. *The Journal of Physiology*, 535: 301-311.

Fleg, J. L., Morrell, C. H., Bos, A. G., Brant, L. J., Talbot, L. A., Wright, J. G. & Lakatta, E. G. (2005). Accelerated Longitudinal Decline of Aerobic Capacity in Healthy Older Adults. *Circulation*, 112: 674-682.

Holloszy, J. O. (1997). Mortality Rate and Longevity of Food-restricted Exercising Male Rats: A Reevaluation. *Journal of Applied Physiology*, 82: 399-403.

Hubert, H. B. (1986). The Importance of Obesity in the Development of Coronary Risk Factors and Disease: The Epidemiologic Evidence. *Annual Review of Public Health*, 7: 493-502.

Lee, I. M. & Paffenbarger, R. S. (2000). Associations of Light, Moderate, and Vigorous Intensity Physical Activity with Longevity. *American Journal of Epidemiology*, 151: 293-299.

Lee, I. M., Sesso, H. D., Oguma, Y. & Paffenbarger, R. S. (2003). Relative Intensity of Physical Activity and Risk of Coronary Heart Disease. *Circulation*, 107: 1110-1116.

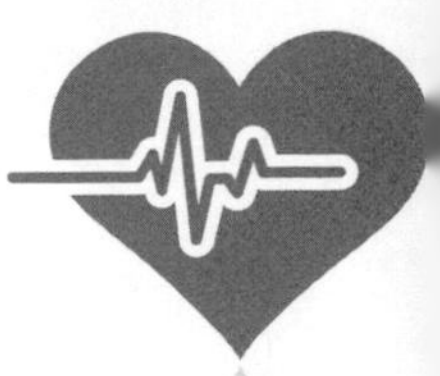

Ling, P.-R., Mueller, C., Smith, R. J. & Bistrian, B. R. (2003). Hyperglycemia Induced by Glucose Infusion Causes Hepatic Oxidative Stress and Systemic Inflammation, but not STAT3 or MAP Kinase Activation in Liver in Rats. *Metabolism: Clinical and Experimental*, 52: 868-874.

Mayer-Davis, E. J., D'Agostino, R., Karter, A. J., Haffner, S. M., Rewers, M. J., Saad, M., Bergman, R. N. (1998). Intensity and Amount of Physical Activity in Relation to Insulin Sensitivity. *The Journal of the American Medical Association (JAMA)*, 279: 669-674.

Newman, A. B., Kupelian, V., Visser, M., Simonsick, E. M., Goodpaster, B. H., Kritchevsky, S. B., Tylavsky, F. A., Rubin, S. M. & Harris, T. B. (2006). Strength, but not Muscle Mass, Is Associated with Mortality in the Health, Aging and Body Composition Study Cohort. *J Gerontol A Biol Sci Med Sci*, 61: 72-77.

Oguma, Y., Sesso, H. D., Paffenbarger, R. S. & Lee, I. M. (2002). Physical Activity and All Cause Mortality in Women: A Review of the Evidence. *British Journal of Sports Medicine*, 36: 162-172.

Pedersen, B. K. Muscles & Their Myokines. (2012). *Journal of Experimental Biology*, 214: 337-346.

Pedersen, B. K., Åkerström, T. C. A., Nielsen, A. R. & Fischer, C. P. (2007). Role of Myokines in Exercise and Metabolism. *Journal of Applied Physiology*, 103: 1093-1098.

Prasad, S., Sung, B. and Aggarwal, B. B. (2012). Age-associated Chronic Diseases Require Age-old Medicine: Role of Chronic Inflammation. *Preventive Medicine*, 54: Suppl:S29-37.

Sallis, J. F. (2000). Age-related Decline in Physical Activity: A Synthesis of Human and Animal Studies. *Medicine and Science in Sports & Exercise*, 32: 1598-1600.

Samitz, G., Egger, M. & Zwahlen, M. (2011). Domains of Physical Activity and All-cause Mortality: Systematic Review and Dose-esponse Meta-analysis of Cohort Studies. *International Journal of Epidemiology*, 40: 1382-1400.

St Pierre, B. A. & Tidball, J. G. (1994). Differential Response of Macrophage Subpopulations to Soleus Muscle Reloading after Rat Hindlimb Suspension. *Journal of Applied Physiology*, 77: 290-297.

Theresa L, W. (2006). Immune Suppression in Cancer: Effects on Immune Cells, Mechanisms and Future Therapeutic Intervention. *Seminars in Cancer Biology*, 16: 3-15.

Tidball, J. G. & Wehling-Henricks, M. (2007). Macrophages Promote Muscle Membrane Repair and Muscle Fibre Growth and Regeneration during Modified Muscle Loading in Mice in Vivo. *The Journal of Physiology*, 578: 327-336.

Wen, C. P., Wai, J. P. M., Tsai, M. ., Yang, Y. C., Cheng, T. Y. D., Lee, M.-C., Chan, H. T., Tsao, C. K., Tsai, S. P. & Wu, X. (2012). Minimum Amount of Physical Activity for Reduced Mortality and Extended Life Expectancy: A Prospective Cohort Study. *The Lancet*, 378: 1244-1253.

Yan, S. F., Ramasamy, R. & Schmidt, A. M. (2008). Mechanisms of Disease: Advanced Glycation End-products and Their Receptor in Inflammation and Diabetes Complications. *Nat Rev Endocrinol*, 4: 285-293.

Yashin, A. I., Ukraintseva, S. V., Arbeev, K. G., Akushevich, I., Arbeeva, L. S. & Kulminski, A. M. (2009). Maintaining Physiological State for Exceptional Survival: What is the Normal Level of Blood Glucose and Does It Change with Age? *Mech Ageing Dev*, 130: 611-618.

第2章

動作控制與老化

臺北體院運動科學研究所　蔡鏞申助理教授

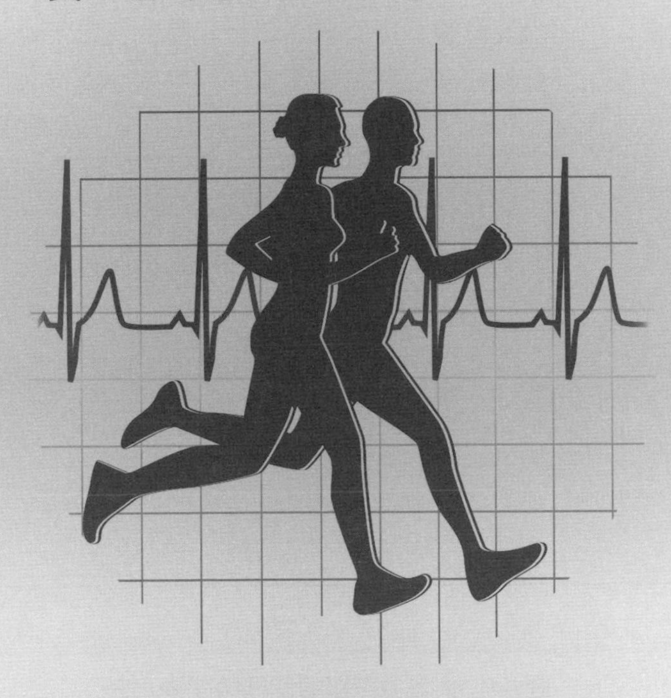

- 瞭解年齡對動作表現的影響
- 瞭解神經系統老化的現象
- 瞭解運動訓練如何產生動作控制能力的效果
- 瞭解老年人動作姿勢改變的問題

一、年齡對動作表現的影響

一般來說，對光刺激所引起的反應速度，在兒童及老年階段都比年輕人來得慢，許多動作行為的反應速度也是如此，從兒童時期開始發展，至成年階段達到最快速度，隨著年齡增長，反應速度又逐漸慢下來。然而這種兒童及老年階段相似的行為反應速度，卻是因為兒童生理發展尚未成熟和老年人神經生理功能老化所產生的相似結果（Haywood, 1993a）（**圖2-1**）。研究顯示，從兒童時期

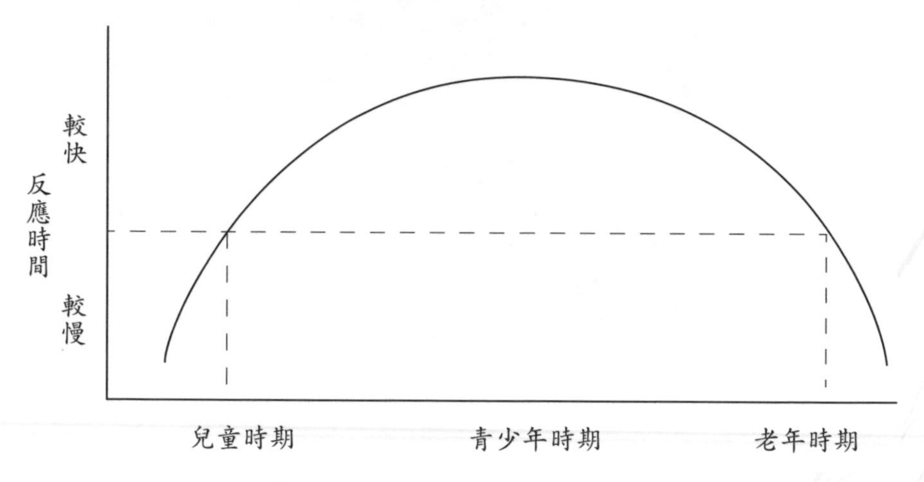

圖2-1　人類各時期的反應時間變化圖

註：反應時間在一生之中的兩個時間點或許相同，但是影響的原因可能有所不同。從兒童時期到青少年時期，反應時間逐漸增快，到成年時期達到最快，然後隨著年齡繼續增長，反應時間逐漸減慢。以上這個圖是根據理論的模型繪出，然而發展論學者相信，兒童時期與老年時期反應較慢是兩種不同的過程。

資料來源：Haywood (1993a).

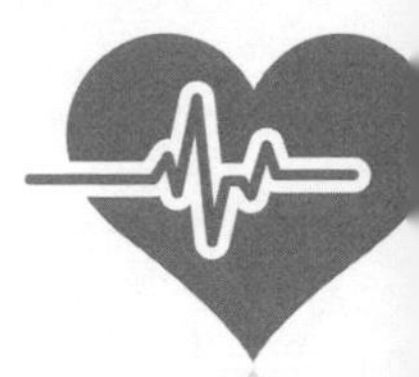

開始，許多動作能力開始發展，隨著年齡增加，姿勢控制能力、肌力、反應速度、投擲準確度等動作能力越臻成熟，約至18歲時趨於穩定（胡明霞，2009）。其中姿勢控制能力、手臂快速動作能力和動作學習能力等，可能會因為年齡增長而受到老化的影響（Spirduso et al., 2005）。有學者認為，老化並不一定會使人反應變慢，老年人反應較慢，可能是因為變得比較小心謹慎，以減少犯錯的機會，因此在遇到較多選項時，需要較長的時間決定動作策略而使得動作變慢；對於單一選擇的反應時間則影響不大（Fozard et al., 1994; Welford, 1984；胡明霞，2009）。

隨著年齡的增長，成年人的最佳動作表現有逐漸下滑的趨勢。根據1984年美國成人游泳錦標賽（U.S. Masters National Swimming Championships）自由式500碼的成績發現，中年選手的成績隨著年齡增加而下滑的現象較為緩慢；60歲之後，這個趨勢越來越明顯，且女性比男性更顯著；75歲之後，則會有快速下降的現象（Shca, 1986b）（圖2-2A）。從各個年齡層馬拉松的世界紀錄來看，也有類似的趨勢（Shea, 1986a）（圖2-2B）。研究分析1980-1990年在美國舉辦的老人奧林匹克運動會（Senior Olympic）的成績，以強調速度和距離（游泳、馬拉松）的比賽來看，50-75歲之間大部分比賽成績隨著年齡增加而下滑的情形不如75歲之後來得明顯（圖2-3）。若是以強調準確性的運動比賽（保齡球、美式足球投擲、壘球投擲）來看，成績隨著年齡下降的趨勢則與強調速度和距離的比賽不一致（圖2-4），對於70-80歲以上的長者來說，力量和速度變差，可能是讓他們在投擲準確度上變差的主要原因（Haywood, 1993b）。

過去的研究對於老化是否會影響神經系統控制動作姿勢及行動能力的功能有不同的發現，有的研究指出，老化會使得這些功能有明顯下降的現象（Imms & Edholm, 1981），有的研究則顯示沒有明顯的改變（Gabell & Nayak, 1984）。這些差異有可能是因為受試者

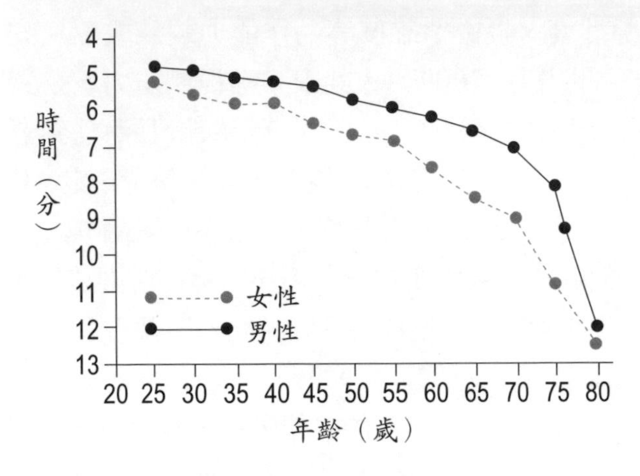

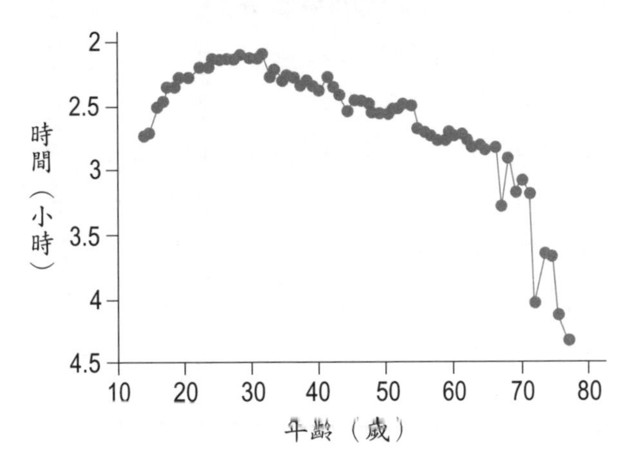

圖2-2　隨年齡下滑的動作表現

資料來源：Shea (1986).

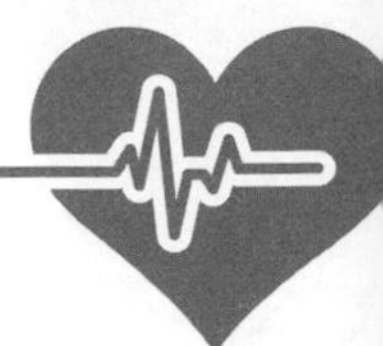

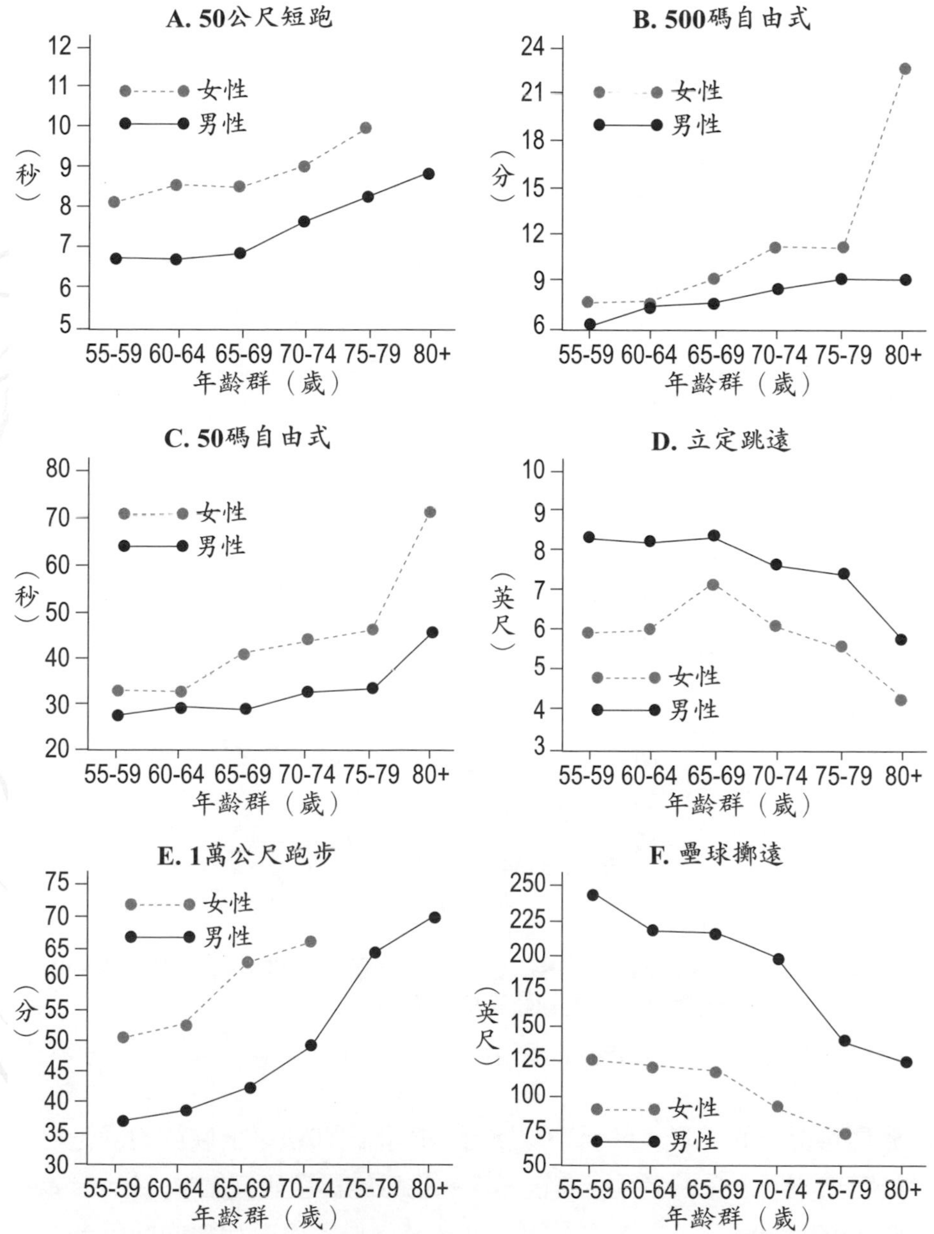

圖2-3　1980-1990年在美國St. Louis地區舉辦之老人奧林匹克運動會各項比較速度與距離之運動競賽成績紀錄

資料來源：Haywood (1993).

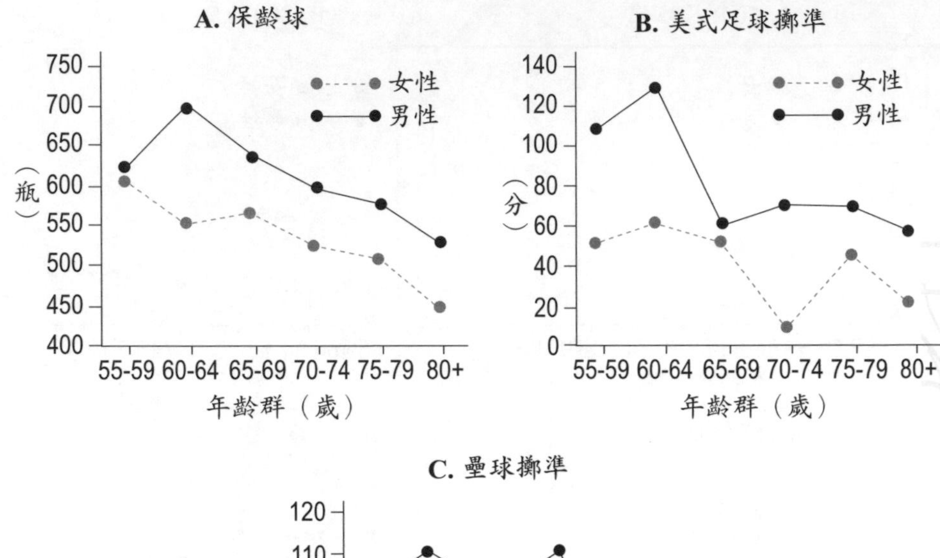

圖2-4　1980-1990年在美國St. Louis地區舉辦之老人奧林匹克運動會各項比較準確度之運動競賽成績紀錄

資料來源：Haywood (1993).

族群選擇上的差異，60至70歲族群的變化跟70歲以上族群的變化可能有所不同，受試者是否有慢性疾病也可能影響研究結果（Imms & Edholm, 1981）。值得注意的是，在65歲以上沒有疾病的健康老人中，年紀較長的和年紀較輕的比較起來，行走步態上並沒有明顯的

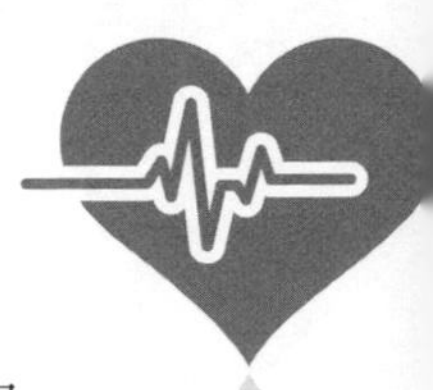

差異，因此這些學者認為，老年人步態若有變差的現象，可能是因為有某方面的疾病所引起的（Gabell & Nayak, 1984）。儘管研究發現有所不同，我們需要具備的概念是，不能假設所有的老人身體功能或運動能力都會變差，有許多因素可能會影響老年人的動作控制與表現。

二、身體功能分類

Spirduso等學者曾將老年人的身體功能做成連續性的分類（Spirduso et al., 2005）（如圖2-5）：(1) 身體功能優良（Physically Elite）：仍可參加競技性的運動；(2) 身體功能強健（Physically Fit）：可以從事需要中度體能的工作、運動、比賽或所愛好的活動；(3) 身體功能可供獨立行動（Physically Independent）：仍可參與低活動量的運動（如高爾夫、社交舞等）或嗜好（走路、園藝工作等），且可從事所有的工具性日常生活活動（Instrumental Activities of Daily Living, IADL）；(4) 身體功能較弱的（Physically Frail）：還可以做一些簡單的家事和基本的日常生活自理能力（Basic Activities of Daily Living, BADL），如洗澡、穿衣、吃飯等工作，但部分工具性日常生活活動則需要協助才能完成，因此生活型態大多以居家為主，不喜歡離家太遠的活動；(5) 身體功能需依賴他人的（Physically Dependent）：已沒有辦法獨自完成所有的日常生活自理的工作，需要家庭或養護機構的照顧；(6) 失能（Disability）：身體功能最差的一類，沒有日常生活自理的能力，所有工作都需依賴他人。

身體功能

優良
- 運動比賽（如老人奧林匹克）。
- 高危險性與爆發力型運動（如懸掛式滑翔、舉重）。

強健
- 中度體能的工作、運動、比賽或所愛好的活動。
- 所有耐力型運動及比賽。
- 大部分嗜好的活動。

可獨立
- 非常低活動量的工作。
- 嗜好（如走路、園藝工作等）。
- 低身體需求的活動（如高爾夫、社交舞、手工藝、旅行、開車）或嗜好。
- 可從事所有工具性日常生活活動。

較弱
- 簡單的家事。
- 做飯。
- 買菜。
- 可從事部分工具性日常生活活動及所有基本的日常生活自理工作。
- 可能以居家活動爲主。

需依賴
- 可從事部分或所有基本的日常生活自理工作（走路、洗澡、穿衣、吃飯、位置轉移）。
- 需要家庭或養護機構的照顧。

失能
- 所有基本日常生活自理工作都需依賴他人。

圖2-5　老年人身體功能之連續性分類

資料來源：Spirduso et al. (2005).

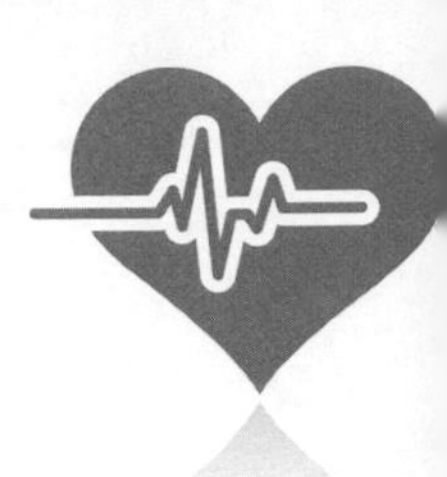

三、神經系統老化

中樞神經系統、周邊神經系統和神經肌肉系統的老化，會使得老年人的各項感覺、動作協調性、記憶力、認知能力、學習能力和對環境改變的反應能力逐漸變差。其中，在腦部的變化方面，腦的重量會慢慢減輕，腦細胞體積變小，運動皮質區和胼胝體的部位會逐漸萎縮而影響平衡、協調性及步態，神經元數目會減少，腦會萎縮，腦室擴大，樹突的數量減少或長度變短，神經傳導物質的量減少而影響動作表現（如乙醯膽鹼減少將產生失智症或阿茲海默氏症，多巴胺減少將產生帕金森氏症）（Seidler et al., 2010）。此外，腦的部位最晚發展出來的部分會最先產生萎縮的現象（Salat et al., 2004）。在動作過程中，前額葉及感覺動作皮質區會有更多活化的反應，其中原因有可能是因為老年人更依賴認知控制能力及感官的信息處理，亦有可能是因為動作需要而產生代償的作用（Heuninckx et al., 2005; Heuninckx et al., 2008）。

在感覺的變化上，老年人的視力會減退，前庭系統會退化而影響頭部在空間位置的知覺及維持姿勢和眼球穩定的運動反射，觸壓的感覺、震動的感覺和本體感覺也都會變差（Guccione, 1993）。

在動作的變化上，肌肉組織會有纖維數量變少、細胞變小、質量減少、失去水分及無機鹽、內分泌活性變差、收縮蛋白減少、細胞死亡、複合肌肉動作電位變慢、肌肉血流變少的現象（Guccione, 1993）。周邊神經傳導速度上，則會因為運動神經原數目減少而變慢。因此，肌肉力量、爆發力、耐力、動作速度（Diggles-Buckles, 1993）、協調性（Seidler et al., 2002）、平衡及步態（Tang &

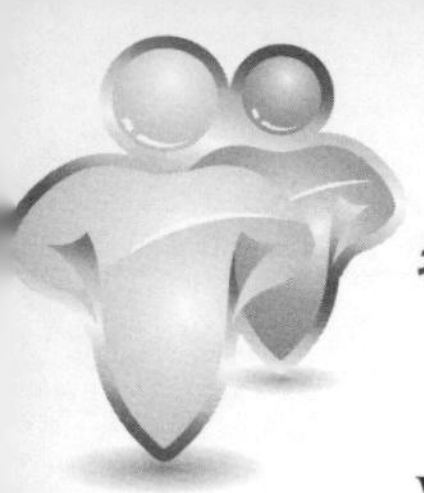

Woollacott, 1996）的表現都會受到影響，動作不穩定性也會相對增加（Contreras-Vidal et al., 1998）。

在其他方面的動作表現上，老年人的動作變化能力會下降，動作起始的速度變慢，在動作過程中會以減慢動作速度來增加動作的準確性（Seidler-Dobrin et al., 1998）。本體感覺變差，則會影響多關節動作的節奏（Sainburg et al., 1995）。研究發現，老年人雙手動作的協調性變差，其中同方向的動作表現又比反向的動作表現來得差（Stelmach et al., 1988; Wishart et al., 2000），且動作越複雜，表現越不好（Bangert et al., 2004）。在反射動作方面，速度變慢且動作幅度變小，對單一或多選擇反應所需的時間變長，準備動作時間變長且動作時間也變長，特別是需要使用較大力量的動作，需要花更多的時間。此外，老年人的認知動作應變能力也變差（Huxhold et al., 2006; Lovden et al., 2008），對於動作姿勢的穩定度需要花費更多的注意力（Cordo & Nashner, 1982; Horak et al., 1984; Stelmach et al., 1990）。

四、運動與動作訓練的效果

運動訓練可以促進老人的動作控制能力，心肺功能較好的老人，專注力較好，有助於整體運動能力的的提升（Colcombe et al., 2006）。從事能提升心肺功能的運動，有減緩老化的效果，相對的也能達到促進運動表現能力的效果。較有活力的老年人所需的動作錯誤監測較少，動作表現也會因此較好。此外，運動可以促進大腦前額葉皮質的功能（主掌問題解決、情緒），亦有助於動作表現的提升。研究發現，老年人在參與4個月的有氧運動之後，對

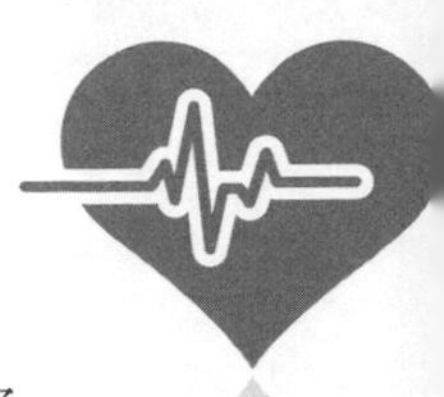

於單一及多選擇的反應能力比生活型態多坐少動的老年人來得好（Dustman et al., 1984）。運動也能提升老年人的視覺空間表現，例如拿鑰匙開門或是搬起物品等動作（Shay & Roth, 1992）。

對老年人來說，若先學習了許多不同的動作技巧之後再學習新的動作技巧，其學習速度會變快（Seidler, 2007a, 2007b）。研究發現，長期的感覺動作訓練（Sensorimotor Training），會增加大腦灰質的體積（Boyke et al., 2008），大腦灰質負責各種不同功能，如記憶、語言、認知、動作等。隨著大腦灰質的體積增加，感覺動作和控制的功能變好了。因此，在規律訓練下，老化的速度也可能會減緩。

一般來說，老化會使得感覺動作功能變差，導致老年人動作控制的能力更依賴中樞神經的認知判斷能力來控制，例如騎腳踏車，當我們所有的動作都很流暢時，我們在做這一系列動作的時候就不需要去依賴認知能力，去判斷我們該如何做才會比較平穩，騎的時候比較不會跌倒。但是當我們騎車的能力變差時，就需要更多的注意力，來好好的騎車。然而，大腦前額葉的功能主要負責認知控制，是很容易隨年齡增長而老化的部位，可能因而使得動作控制的能力更差（Seidler et al., 2010）。因此，藉由運動及訓練，促進大腦的功能不會退化得太快，將有助於動作控制能力的提升。老年人的運動計畫安排應包含以下項目：(1) 運動前熱身；(2) 協調性的運動；(3) 心肺耐力訓練；(4) 肌力訓練；(5) 增加人際互動，提升心理層面的支持（Guccione, 1993）。

五、老年人跌倒的問題

跌倒是促使老年人老化程度加速的重要因素之一，因為若造成骨折，因肢體固定等待骨折部位復原而少動或不動的生活型態，可能導致身體許多系統功能產生明顯退化的現象。同時，老年人可能因害怕再跌倒而減少活動量，導致體能衰退、關節僵化、肌力減退，在此惡性循環之下，越來越無法自主行動。造成老年人跌倒的危險因子包括內在因子（頭暈、肌力減退、感覺有缺失、平衡反應變差、認知功能下降、服用藥物等）及外在因子（地面濕滑、地毯的毛較長、光線不足、地面不平或有障礙物等），在執行老人健康評估時，均須加以注意（Guccione, 1993; Jackson, 1989）。

老年人跌倒評估應考慮四方面的問題（Studenski, 1992）：

1. 活動環境是否有地面濕滑、地毯的毛較長、光線不足、地面不平或有障礙物等現象。
2. 是否有急慢性疾病或因病服用藥物而可能造成行走不穩的現象。
3. 是否有生理上的變化影響姿勢控制能力而導致行走不穩的現象，例如：
   (1) 視覺、本體感覺、前庭覺或對震動的感覺有所缺失。
   (2) 肌力或關節活動度不足、骨骼系統排列位置（Alignment）改變。
   (3) 中樞神經處理反應狀況改變時的回饋機制（Feedback）及前饋機制（Feedforward）速度變慢。

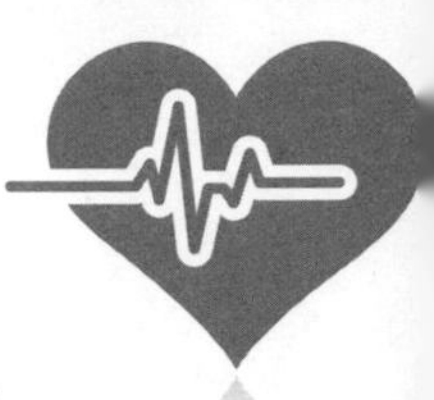

4. 日常生活中功能性的動作產生執行困難，代表姿勢控制系統的整合功能出現問題。

老年人姿勢控制能力的改變

研究發現，讓受試者站在一可移動的平台上，當平台突然向前移動引起受試者向後晃動時，下肢脛骨前肌及股四頭肌肌群開始收縮以維持平衡的反應時間以年輕人最短，健康的老年人次之，平衡有問題或曾跌倒過的老年人時間最長（Shumway-Cook & Woollacott, 2007）。

讓受試者墊腳尖站立維持平衡時，若平台晃動的速度較慢（5cm/s），年輕人和健康老年人的腓腸肌反應收縮幅度差不多（約20%最大收縮），平衡有問題的老年人其腓腸肌反應收縮幅度則明顯較大（約40%最大收縮）；當平台晃動的速度增加到40cm/s，三組受試者間均產生明顯差異，年輕人的腓腸肌反應收縮幅度約為40%最大收縮，健康老年人約為50%最大收縮，平衡有問題的老年人則達到約60%最大收縮（Lin & Woollacott, 2002）。

在重心移動軌跡方面，讓年輕人、健康老年人和平衡有問題的老年人站在可移動的平台上，從平台開始晃動到晃動之後2秒內的重心軌跡來看，以平衡有問題的老年人晃動的動作最為明顯（Lin et al., 2004）。

和健康人比起來，有周邊神經病變的患者對站立平台晃動的干擾，其下肢（腓腸肌及腿後側肌）和脊柱兩側肌群的收縮反應時間均較長（Inglis et al., 1994）。

在地板不動，製造空間感晃動的研究中，人的視覺因受到影響而使得身體跟著晃動影響平衡，無論在下肢肌群（脛骨前肌、腓腸肌）反應時間或重心晃動幅度上，平衡有問題的老年人均比健康老

人及年輕人的表現來得差（Sundermier et al., 1996）。

Woollacott等學者設計六種不同的平衡情境以測驗年輕人與老年人的平衡能力，其中三種情境讓受試者站立於平穩的地板上，三種情境讓受試者站立於軟墊上，然後比較站立於此兩種不同平面的情況下，在張眼、閉眼及製造視覺產生空間晃動干擾的情境中平衡反應的變化。結果發現，於此六種平衡狀態下，老年人的晃動幅度在受到軟墊及視覺隔絕或干擾下，明顯比年輕人的表現來得差（**圖2-6**）（Woollacott et al., 1986）。在另一研究中，軟墊及視覺干擾的影響也使得老年人的反應時間明顯變長（**圖2-7**）（Teasdale et al., 1993），顯示老年人維持姿勢平衡時對本體感覺及視覺認知的依賴較年輕人來得多。

六、老年人步態的改變

一般來說，老年人的步態呈現速度減慢，步長縮短，步頻減少，腳著地期（Stance Phase）的支撐面積（Base of Support）變寬，雙腳著地期的時間變長，腳有較外八（Toeing Out）的現象。此外，腳跨步前期（Early Swing Phase）髖關節及膝關節彎曲角度增加，腳抬較高，但腳板背屈角度較小；腳跨步後期（Late Swing Phase），腳板背屈角度較小，容易產生絆倒的情形。產生這些步態改變的原因，可能與有氧能力下降、肌肉及關節較緊、下肢肌力減退、腿後側肌群（Hamstring）控制能力變差、站立姿勢改變、平衡及本體感覺變差有關（Guccione, 1993; Jackson, 1989）。

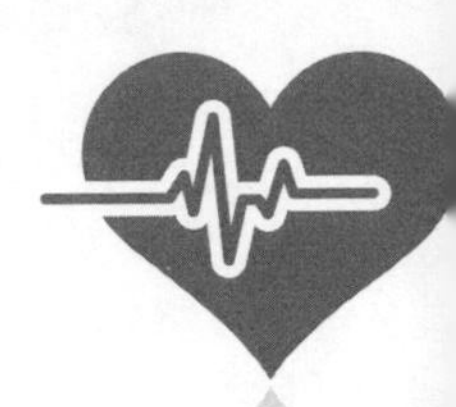

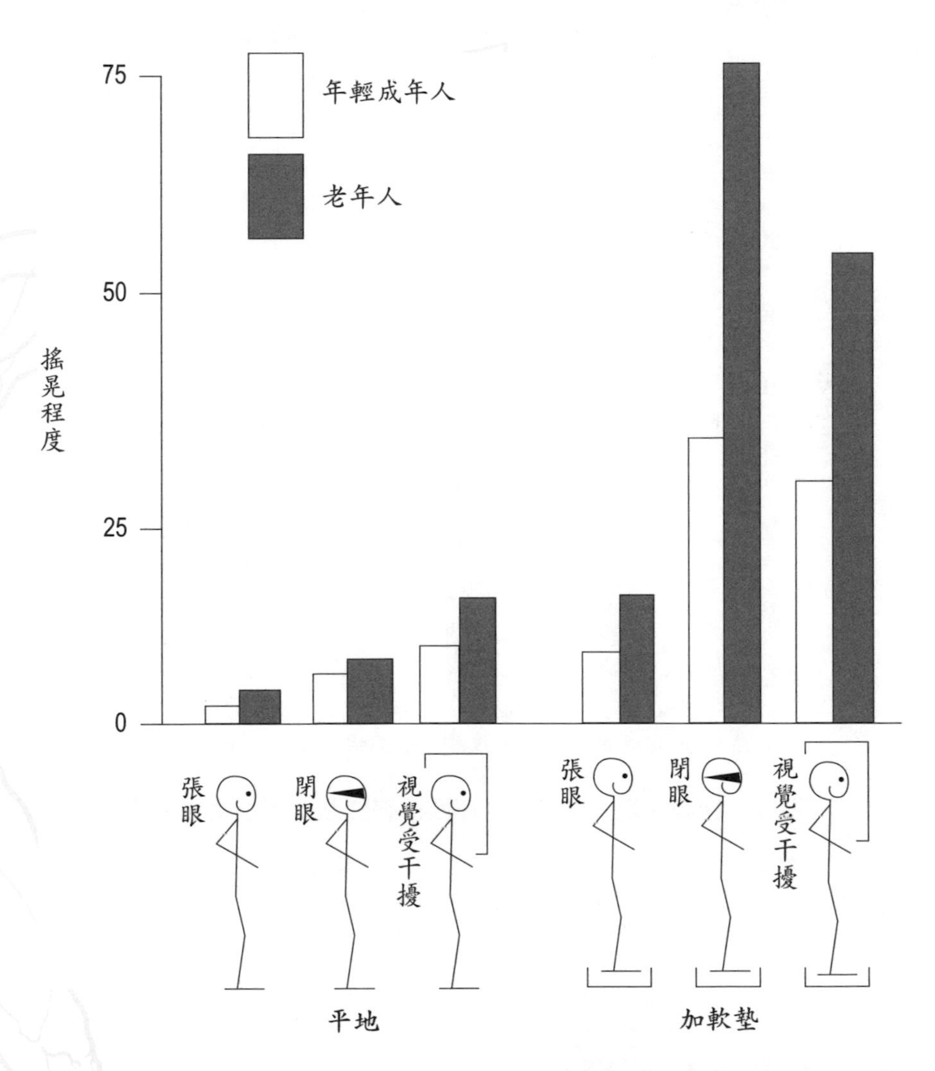

圖2-6 比較年輕人與健康老年人在六種感覺狀況下的平衡能力

資料來源：Woollacott et al. (1986).

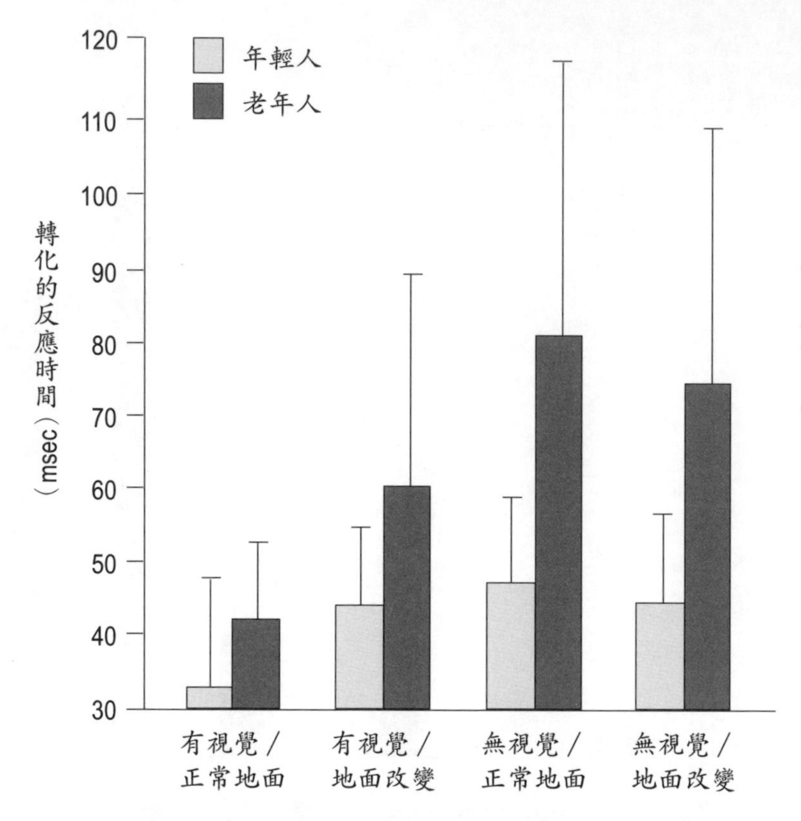

圖2-7　比較年輕人與老年人在四種感覺狀況下的反應時間

註：當感覺訊息減少時，老年人的反應時間明顯比年輕人增加的時間還長。這結果顯示注意力會隨動作不穩定的程度而改變。

資料來源：Teasdale et al. (1993).

老年人常見的問題

影響老年人動作控制能力常見的問題及其影響包括周邊神經病變（影響壓痛及其他的感覺而容易導致傷害的產生；對感覺刺激反應較慢，亦有可能產生感覺錯誤的情形；肌力減退等）、肌肉萎縮

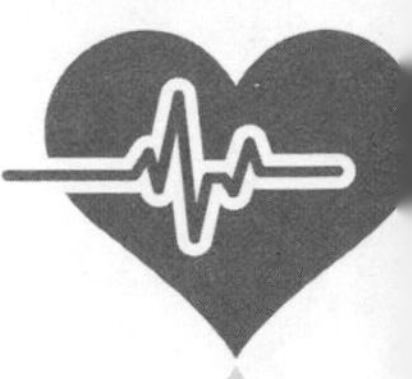

（肌力減退）、關節活動度減少、視力減退（常沒看到障礙物，特別是在光線不足的環境）、心肺功能減退（運動耐力下降；容易疲勞）、認知功能及記憶力減退（對複雜指令的瞭解能力變差）、藥物副作用（頭暈、低血壓、營養不良）、活動量及激烈程度下降、缺乏活動動機、居家生活環境限制多等（Guccione, 1993; Jackson, 1989）。

因此，在安排健康老人的活動時，應注意下列事項：

1. 盡量延緩身體各項功能老化的發展。
2. 給予動腦活動。
3. 注意柔軟度、肌力、耐力、平衡及姿勢控制能力、步態及日常生活能力。
4. 監測活動時的呼吸、心跳和血壓。
5. 避免過度疲勞或過度伸展的活動。
6. 給予簡單的指令及正向的鼓勵來參與活動。
7. 給予較多的反應時間。
8. 必要時將活動計畫以文字或圖片的書面方式呈現。
9. 避免跌倒及相關傷害。

參考文獻

Bangert, A. S., Walsh, C. M., Boonin, A. E., Anderson, E., Gobel, D. G., Reuter-Lorenz, P. A., et al. (2004). The Effects of Aging on Discrete and Continuous Motor Coordination. *Soc for Neurosci Abstracts*.

Boyke, J., Driemeyer, J., Gaser, C., Buchel, C., & May, A. (2008). Training-induced Brain Structure Changes in the Elderly. *J Neurosci*, 28(28): 7031-7035.

Colcombe, S. J., Erickson, K. I., Scalf, P. E., Kim, J. S., Prakash, R., McAuley, E., et al. (2006). Aerobic Exercise Training Increases Brain Volume in Aging Humans. *J Gerontol A Biol Sci Med Sci*, 61(11): 1166-1170.

Contreras-Vidal, J. L., Teulings, H. L., & Stelmach, G. E. (1998). Elderly Subjects Are Impaired in Spatial Coordination in Fine Motor Control. *Acta Psychol (Amst)*, 100(1-2): 25-35.

Cordo, P. J., & Nashner, L. M. (1982). Properties of Postural Adjustments Associated with Rapid Arm Movements. *J Neurophysiol*, 47(2): 287-302.

Diggles-Buckles, V. (1993). Age-related Slowing. In G. E. Stelmach & V. Homberg (Eds.), *Sensorimotor Impairment in the Elderly*. Norwell, MA: Kluwer Academic.

Dustman, R. E., Ruhling, R. O., Russell, E. M., Shearer, D. E., Bonekat, H. W., Shigeoka, J. W., et al. (1984). Aerobic Exercise Training and Improved Neuropsychological Function of Older Individuals. *Neurobiol Aging*, 5(1): 35-42.

Fozard, J. L., Vercryssen, M., Reynolds, S. L., Hancock, P. A., & Quilter, R. E. (1994). Age Differences and Changes in Reaction Time: the Baltimore Longitudinal Study of Aging. *J Gerontol*, 49(4): P179-189.

Gabell, A., & Nayak, U. S. (1984). The Effect of Age on Variability in Gait. *J Gerontol*, 39(6): 662-666.

Guccione, A. A. (1993). *Geriatric Physical Therapy*. St. Louis, MO: Mosby-Year Book.

Haywood, K. M. (1993a). The Development Perspective. In K. M. Haywood (Ed.), *Life Span Motor Development* (2nd ed., pp. 4-27). Champaign, IL: Human Kinetics.

Haywood, K. M. (1993b). Motor Behavior in Preadolescence through Adulthood. In K. M. Haywood (Ed.), *Life Span Motor Development* (2nd ed., pp. 175-200). Champaign, IL: Human Kinetics.

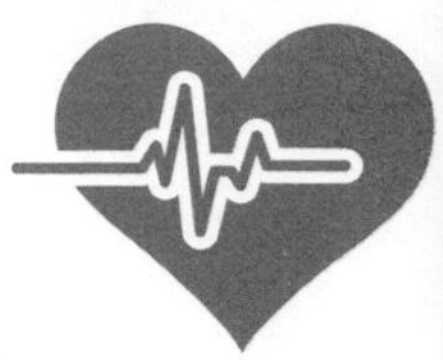

Heuninckx, S., Wenderoth, N., Debaere, F., Peeters, R., & Swinnen, S. P. (2005). Neural Basis of Aging: the Penetration of Cognition into Action Control. *J Neurosci*, 25(29): 6787-6796.

Heuninckx, S., Wenderoth, N., & Swinnen, S. P. (2008). Systems Neuroplasticity in the Aging Brain: Recruiting Additional Neural Resources for Successful Motor Performance in Elderly Persons. *J Neurosci*, 28(1): 91-99.

Horak, F. B., Esselman, P., Anderson, M. E., & Lynch, M. K. (1984). The effects of Movement Velocity, Mass Displaced, and Task Certainty on Associated Postural Adjustments Made by Normal and Hemiplegic Individuals. *J Neurol Neurosurg Psychiatry*, 47(9): 1020-1028.

Huxhold, O., Li, S. C., Schmiedek, F., & Lindenberger, U. (2006). Dual-tasking Postural Control: Aging and the Effects of Cognitive Demand in Conjunction with Focus of Attention. *Brain Res Bull*, 69(3): 294-305.

Imms, F. J., & Edholm, O. G. (1981). Studies of Gait and Mobility in the Elderly. *Age Ageing*, 10(3): 147-156.

Inglis, J. T., Horak, F. B., Shupert, C. L., & Jones-Rycewicz, C. (1994). The Importance of Aomatosensory Information in Triggering and Scaling Automatic Postural Responses in Humans. *Exp Brain Res*, 101(1): 159-164.

Jackson, O. (1989). *Physical Therapy of Geriatric Patients*. New York: Churchill Livingstone.

Lin, S. I., & Woollacott, M. H. (2002). Postural Muscle Responses Following Changing Balance Threats in Young, Stable Older, and Unstable Older Adults. *J Mot Behav*, 34(1): 37-44.

Lin, S. I., Woollacott, M. H., & Jensen, J. L. (2004). Postural Response in Older Adults with Different Levels of Functional Balance Capacity. *Aging Clin Exp Res*, 16(5): 369-374.

Lovden, M., Schaefer, S., Pohlmeyer, A. E., & Lindenberger, U. (2008). Walking Variability and Working-memory Load in Aging: A Dual-process Account Relating Cognitive Control to Motor Control Performance. *J Gerontol B Psychol Sci Soc Sci*, 63(3): P121-128.

Sainburg, R. L., Ghilardi, M. F., Poizner, H., & Ghez, C. (1995). Control of Limb Dynamics in Normal Subjects and Patients without Proprioception. *J Neurophysiol*, 73(2): 820-835.

Salat, D. H., Buckner, R. L., Snyder, A. Z., Greve, D. N., Desikan, R. S., Busa, E., et al. (2004). Thinning of the Cerebral Cortex in Aging. *Cereb Cortex*, 14(7): 721-730.

Seidler-Dobrin, R. D., He, J., & Stelmach, G. E. (1998). Coactivation to Reduce Variability in the Elderly. *Motor Control*, 2(4): 314-330.

Seidler, R. D. (2007a). Aging Affects Motor Learning but Not Savings at Transfer of Learning. *Learn Mem*, 14(1-2): 17-21.

Seidler, R. D. (2007b). Older Adults Can Learn to Learn New Motor Skills. *Behav Brain* Res, 183(1): 118-122.

Seidler, R. D., Alberts, J. L., & Stelmach, G. E. (2002). Changes in Multi-joint Performance with Age. *Motor Control*, 6(1): 19-31.

Seidler, R. D., Bernard, J. A., Burutolu, T. B., Fling, B. W., Gordon, M. T., Gwin, J. T., et al. (2010). Motor Control and Aging: Links to Age-related Brain Structural, Functional, and Biochemical Effects. *Neurosci Biobehav Rev*, 34(5): 721-733.

Shay, K. A., & Roth, D. L. (1992). Association between Aerobic Fitness and Visuospatial Performance in Healthy Older Adults. *Psychol Aging*, 7(1): 15-24.

Shea, E. J. (1986a). Older Americans in Sport. Illinois Journal of Health, Physical Education, *Recreation and Dance*, 26: 20-22.

Shea, E. J. (1986b). *Swimming for Seniors*. Champaign, IL: Human Kinetics.

Shumway-Cook, A., & Woollacott, M. (2007). Aging and Postural Control. In A. Shumway-Cook & M. H. Woollacott (Eds.), *Motor Control: Translating Research into Clinical Practice* (3rd ed., pp. 212-232). Philadelphia, PA: Lippincott Williams & Wilkins.

Spirduso, W., Francis, K., & MacRae, P. (2005). *Physical Dimensions of Aging*. Champaign, IL: Human Kinetics.

Stelmach, G. E., Amrhein, P. C., & Goggin, N. L. (1988). Age Differences in Bimanual Coordination. *J Gerontol*, 43(1): 18-23.

Stelmach, G. E., Populin, L., & Muller, F. (1990). Postural Muscle Onset and Voluntary Movement in the Elderly. *Neurosci Lett*, 117(1-2): 188-193.

Studenski, S. (1992). Falls. In E. Calkins (Ed.), *The Practice of Geriatrics* (2nd ed.). Philadelphia, PA: WB Saunders.

Sundermier, L., Woollacott, M. H., Jensen, J. L., & Moore, S. (1996). Postural Sensitivity to Visual Flow in Aging Adults with and Without Balance Problems. *J Gerontol A Biol Sci Med Sci*, 51(2): M45-52.

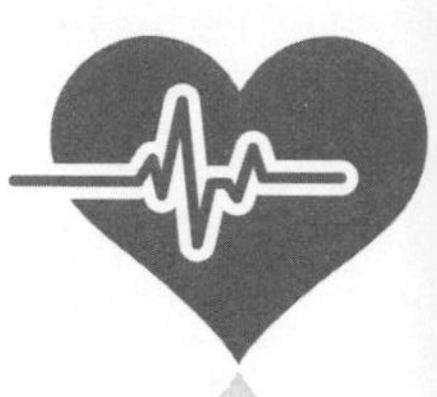

Tang, P. F., & Woollacott, M. H. (1996). Balance Control in the Elderly. In A. M. Bronstein, T. Brandt & M. H. Woollacott (Eds.), *Clinical Disorders of Balance, Posture and Gait*. London: Arnold.

Teasdale, N., Bard, C., LaRue, J., & Fleury, M. (1993). On the Cognitive Penetrability of Posture Control. *Exp Aging Res*, 19(1): 1-13.

Welford, A. T. (1984). Psychomotor Performance. *Annu Rev Gerontol Geriatr*, 4: 237-273.

Wishart, L. R., Lee, T. D., Murdoch, J. E., & Hodges, N. J. (2000). Effects of Aging on Automatic and Effortful Processes in Bimanual Coordination. *J Gerontol B Psychol Sci Soc Sci*, 55(2): 85-94.

Woollacott, M. H., Shumway-Cook, A., & Nashner, L. M. (1986). Aging and Posture Control: Changes in Sensory Organization and Muscular Coordination. *Int J Aging Hum Dev*, 23(2): 97-114.

胡明霞（2009）。〈影響表現之其他因素〉，《動作控制與動作學習》。新北市：金名圖書，頁189-207。

第3章

心肺功能與老化

臺北體院運動科學研究所　楊艾倫教授

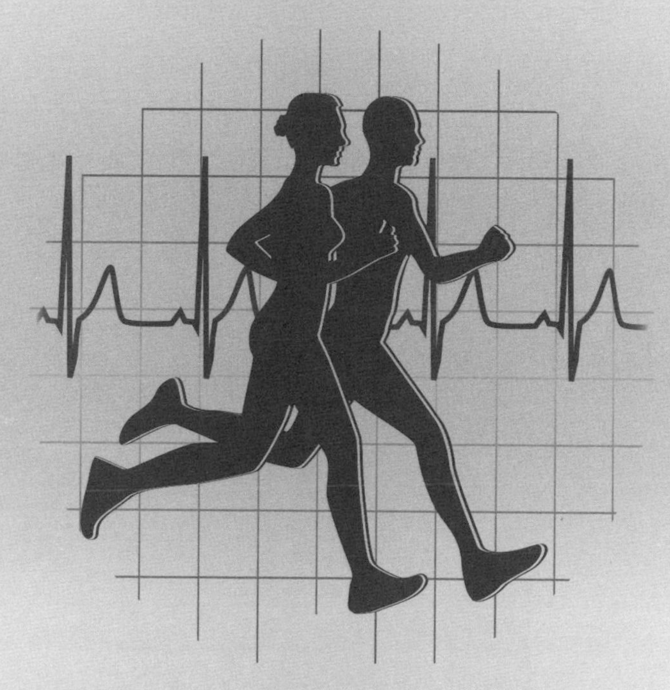

- 瞭解老化如何對心臟和血管功能產生影響
- 瞭解老化對肺功能的影響
- 瞭解老化和心肺疾病的關係
- 瞭解運動如何改善並延緩心肺功能的老化

根據聯合國世界衛生組織的定義，65歲以上的成人即稱為老年人，人口老化指標則以65歲以上的人口占總人口的比例為基準，但是目前對於心肺功能和老化的關係，尚無明確的年齡分界點。老化常伴隨一些慢性疾病的發生，例如關節炎（最常見）、高血壓、糖尿病、心臟病、聽力障礙、功能障礙等，甚至有一些共病症（Comorbidity，同時患有二個以上的疾病），而老年人死亡的原因，常見有冠狀動脈心臟病（或冠心病，占31%）、癌症（占20%）和中風等，且美國的研究發現，大約有60%-70%的老年人患有冠狀動脈心臟病，這可能與年齡的增長和缺乏運動有密切的關聯。目前大多數學者認為老化、坐式生活型態和疾病是造成心肺功能退化的重要因子（**圖3-1**），而如何延緩心肺功能退化是老年人維持健康獨立生活的重要課題之一。

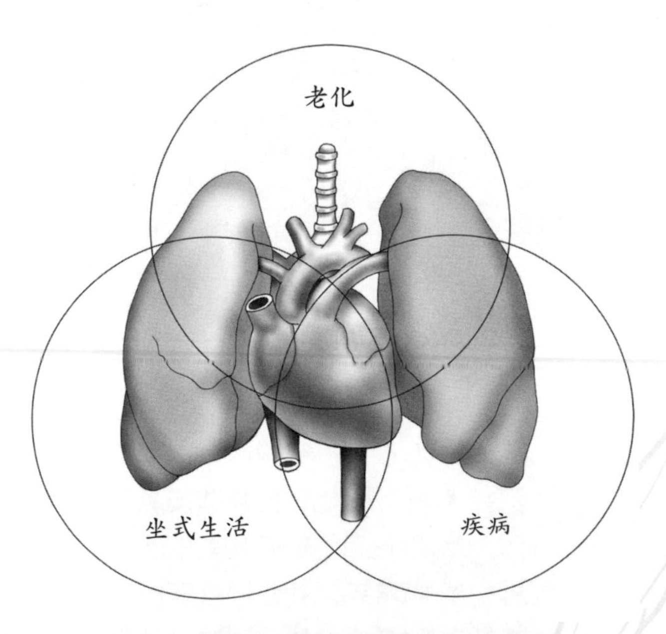

圖3-1　影響心肺功能退化的重要因子

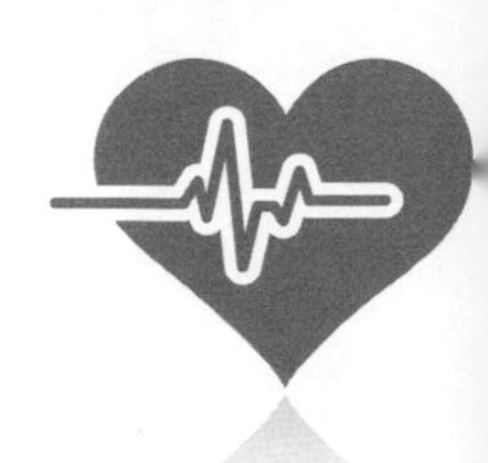

一、老化造成心血管系統的變化

人體的心血管系統是由心臟和血管系統所組成，心臟作為血液幫浦的角色，血液由心臟唧出後經血管系統循環全身，此一封閉的迴路提供身體養分和廢物代謝的重要場所。隨著年齡的增加，人體的心血管系統會產生一定程度的退化，甚至導致心血管疾病的發生。以下將分別介紹老化所造成心血管系統結構和功能的變化。

(一) 老化造成心臟結構和心肌退化

心臟具有四個腔室，為中空構造且布滿血液，上面兩個稱為心房，下面兩個稱為心室，分別為左心房、左心室、右心房和右心室，左心和右心被室中間隔（Interventricular Septum）分開，以避免血液混合。心臟的臟壁主要有三層：(1) 外層為心外膜（Epicardium），具有包覆和潤滑作用；(2) 中層為心肌（Myocardium），負責肌肉收縮，使血液唧入全身；(3) 內層為心內膜（Endocardium），用以保護心臟腔室。隨著年齡增加，心臟結構會有一定程度的變化，主要為：心肌細胞數量減少、心室壁增厚且可能硬化、心室順應性（Compliance，亦稱彈性）下降、心臟瓣膜增厚和鈣化、心肌肥大（Hypertrophy）、心內膜增厚、脂褐素（Lipofusin）增加、膠原纖維和脂肪堆積增加等，都是正常老化所造成的心臟結構退化。

心臟的左心室對心臟的收縮功能影響很大，主要決定了心臟的收縮力道與頻率，使血液順利輸送至全身各個部位，因此左心室壁

的增厚或硬化足以影響整體的循環功能。研究發現一般人從20歲到70歲，心室壁的厚度平均約增加25%，而20歲左右心臟每分鐘可供應5公升血液，至70歲以上則減為3.5公升，且心肌的收縮和舒張時間也隨老化逐漸延長。心室壁的增厚和心肌細胞的肥大、心臟膠原蛋白的增加、纖維化、脂褐素增加等有關。隨著年齡增加，部分心肌會被膠原蛋白取代，心肌逐漸變硬，心室壁也會變厚、變硬，而心肌必須更費力地將血液送出以供應全身所需，因此老化心肌肥大並未使心臟收縮力變大。脂褐素為脂質過氧化的產物，隨著年齡增長受到自由基的影響，脂褐素每10年約增加0.3%，此外，體內脂肪和膽固醇也隨年齡增加逐漸堆積，若堆積在心臟和血管的出入口則會嚴重阻礙血液的流通，因此老化除了會造成心臟結構性改變之外，血管同樣會受到影響，可能造成血壓升高、血液分配到各組織的能力下降、血管硬化等。**圖3-2**說明了老化對心臟結構和功能的影響。

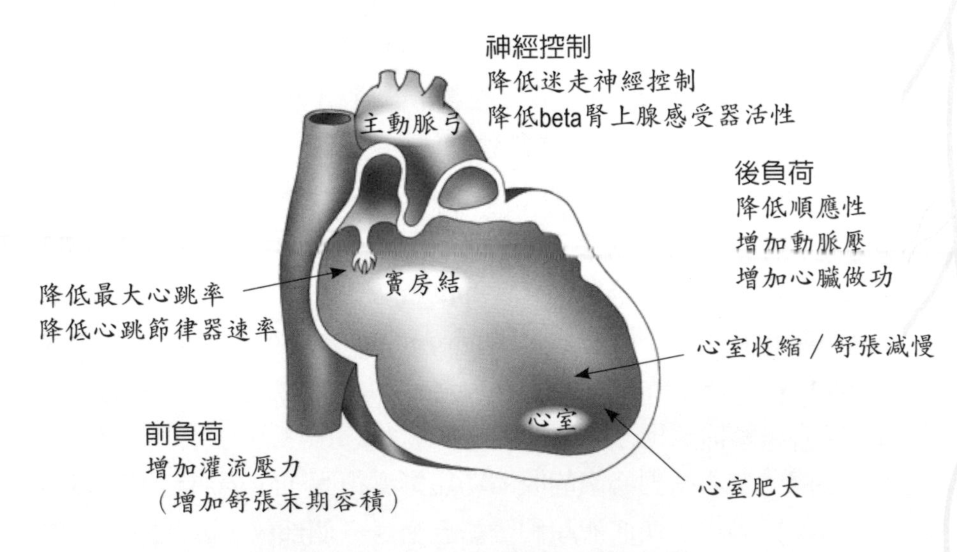

圖3-2　老化對心臟結構和功能的影響

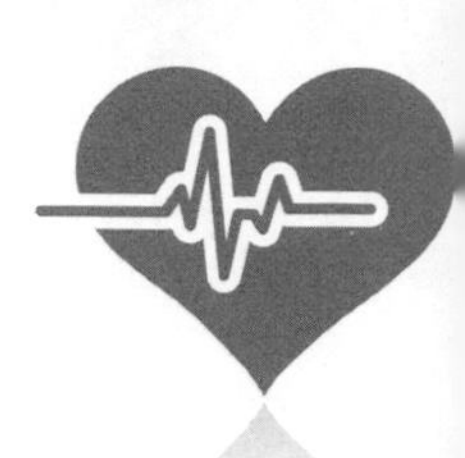

(二) 老化造成心臟傳導系統退化

心臟的跳動不需要大腦或外在的刺激，它是由節律點（Pacemaker）所引發，稱為「自發性節律」（Spontaneous Rhythmicity），而正常節律點即為竇房結（Sinoatrial Node），位於右心房內。心肌有特化的傳導細胞，可以產生動作電位，並且把訊息傳遍整個心臟，訊息由竇房結發出，依序經房室結（Atrioventricular Node）、房室束（Atrioventricular Bundle，又稱希氏束Bundle of His）、左和右分支束（Left and Right Bundle Branch）、浦金氏纖維（Purkinje Fibers），傳到心室而使心臟收縮。**圖3-3**為正常運作的心臟傳導系統。

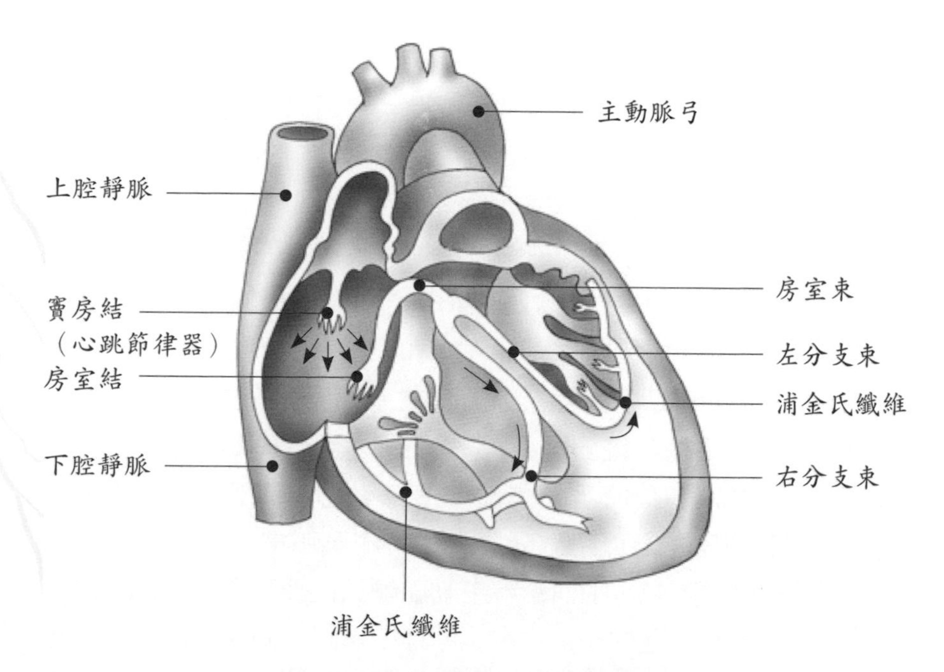

圖3-3　正常運作的心臟傳導系統

研究指出，老化也會造成心臟傳導系統退化，約有50%的老年人在休息狀態下有傳導功能異常的情形。隨著年齡增加，竇房結和房室結的細胞數目會隨之減少、傳導分支束萎縮或纖維化、脂肪堆積、心跳頻率異常、甚至心電圖上也出現異常（如PR間期延長）等情形，進而造成最大心跳減少、節律點速率（Pacemaker Rate）降低等。

(三) 老化造成中央和周邊血管硬化

身體中的血液是由心臟收縮後，經動脈血管將充氧血輸送至全身，動脈血管由大至小分為主動脈（Aorta）、動脈（Arteries）以及小動脈（Arterioles），動脈管壁主要分為三層，外層為結締組織，中層為平滑肌，內層則為內皮細胞（Endothelial Cells）所組成，當血管平滑肌和內皮細胞受到神經、內分泌或外在刺激可控制血管收縮或舒張，使血管管徑縮小或擴大，用以調節血流流入身體各組織器官的血量。主動脈為心臟由左心室送出血液至全身的主要動脈，研究發現老化會造成主動脈的彈性下降、血管硬化，可能是由於血管彈性纖維減少、膠原纖維增加等造成，因此使得左心室送出血液的阻力增加，可能無法將血液送到較末梢的組織。此外，主動脈亦扮演了緩衝動脈系統總血量的作用，因左心室送出血液後，約有一半的心搏量儲存在主動脈中。隨著年齡增加，主動脈逐漸硬化，為了維持其緩衝功能，主動脈的容積（Volume）會增加以包容更多血液，此時容積彈性（指每單位容積下，血管壓力的變化）無明顯變化，但超過60歲之後，主動脈的硬化更為嚴重，容積彈性會明顯下降，進而影響主動脈輸送血液至全身功能。除了主動脈以外，在周邊的血管也會有同樣的情形，隨著年齡增加，周邊血管的管壁增厚、彈性降低、硬化，且脂肪和膽固醇堆積、彈

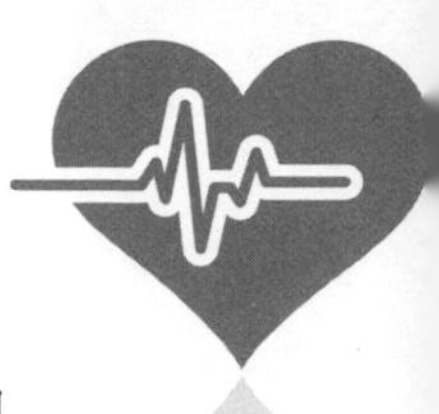

性纖維萎縮退化、結締組織增加等，進而影響周邊的血液供應和循環、周邊血管總阻力上升，甚至造成血壓升高、動脈粥狀硬化（Atherosclerosis）等疾病，在靜脈則容易引起發炎及產生靜脈曲張等症狀。（圖3-4）

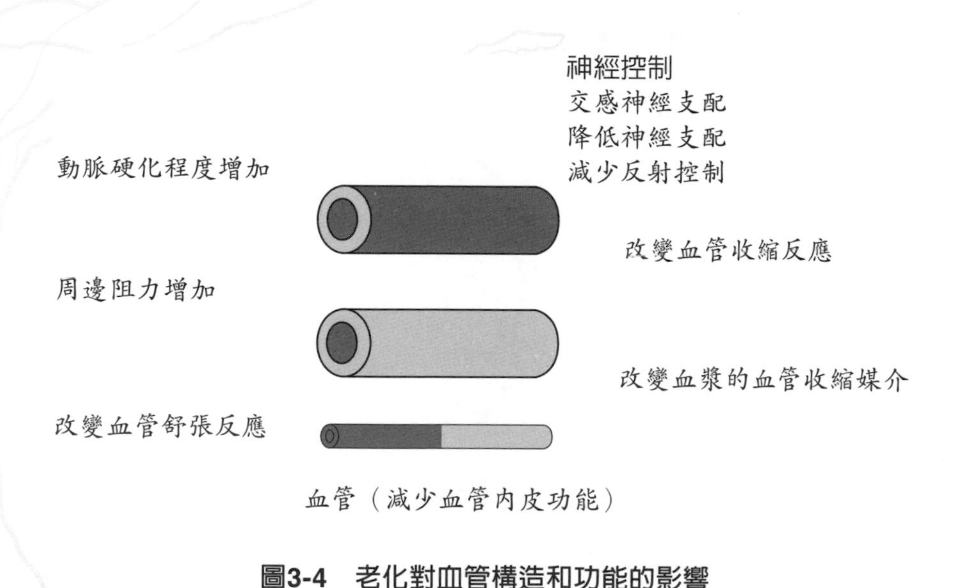

圖3-4　老化對血管構造和功能的影響

(四) 老化造成血管內皮細胞失能

血管內皮細胞位於血管最內層，直接與血液接觸，主要的功能為調節血管平滑肌的收縮和放鬆（舒張）反應、抗凝血、抑制白血球附著與聚集、抑制平滑肌增生，以及調節發炎反應等，直接影響血管的整體功能和健康。內皮細胞失能（Endothelial Dysfunction）主要是指血管內皮功能下降，使調節血管平滑肌反應、抗凝血、抗發炎等反應降低，甚至影響血管生長和重塑功能等。血管周邊阻力

的大小和平滑肌的收縮和放鬆有關，平滑肌收縮時，血管管壁變小，血流阻力增加；平滑肌放鬆時，血管管壁增大，血流阻力較小，影響平滑肌收縮的原因很多，內皮細胞的調控是其中之一，舉例來說，當內皮細胞受到血管舒張因子刺激時，如一氧化氮，則會讓平滑肌放鬆，使血管擴張、管徑變大，而當內皮細胞失能時，則會使平滑肌舒張反應下降。許多證據顯示，在無其他危險因子下，老化會促進動脈粥狀硬化、冠狀動脈疾病等的發生，也會增加心肌梗塞和中風的死亡率，而這些疾病的潛在生理機制都與內皮細胞失

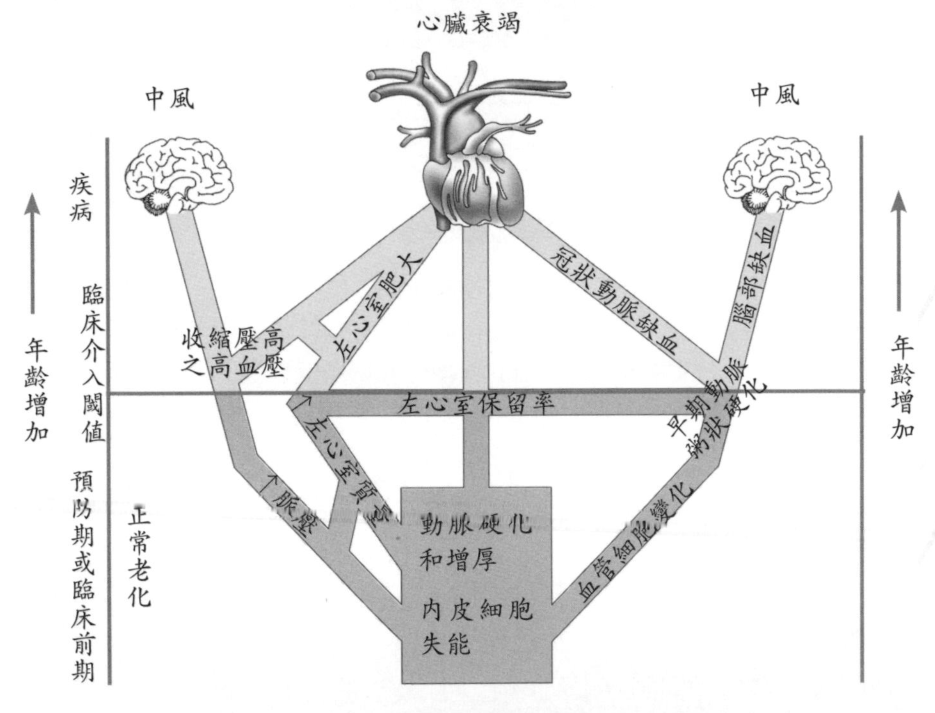

圖3-5　老化造成心血管疾病的潛在生理機制

註：老化過程會造成心血管系統的退化，進一步可能導致心血管疾病的發生，嚴重的話會引起心臟衰竭和中風等。

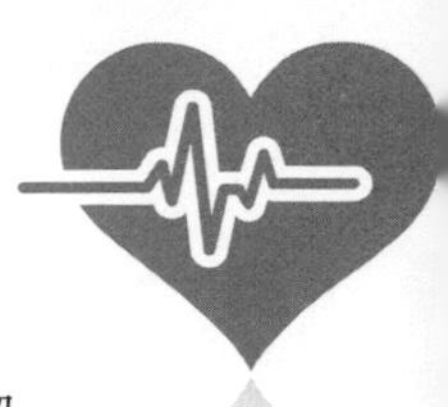

能有關（圖3-5）；且隨著年齡增加，血管氧化壓力的增加和發炎物質的活化會造成內皮細胞失能的情形，進一步造成心血管系統的失能、退化和疾病。研究發現，45歲以上有心血管相關危險因子的受試者，如高血壓、糖尿病、肥胖等，發生內皮細胞失能的比例也很高。目前認為內皮細胞失能為可逆性的症狀，雖然老化可能造成內皮細胞失能的問題，但透過生活方式的改變和調整可有效逆轉，如改變坐式生活、不抽菸、不喝酒、多運動等，即可改善內皮細胞失能和促進心血管的健康。

(五) 老化造成心血管功能退化

老化造成心血管系統結構上的改變，也會直接影響其功能性，包括心跳、血壓、心搏量（每跳輸出量）、心輸出量、動靜脈含氧差、最大攝氧量等，以下將分別逐一討論老化的影響。

最大心跳率下降

心跳是受到自主神經系統所控制，當交感神經興奮時，心跳加快；而當副交感神經興奮時，心跳則減慢。一般健康成年人的心跳約為每分鐘70下，但會受到許多因素影響，包括情緒、姿勢變化或體能狀況等等。研究發現，老年人的坐姿安靜心跳較健康成年人低（但躺姿安靜心跳不受影響），原因和老年人的呼吸性竇性心律不整（Respiratory Sinus Arrhythmia，即吸氣時心跳增加）及心跳變異率（Heart Rate Variability）下降有關，尤其是在迷走神經所控制的高頻部分，表示老化會影響自主神經系統的反射功能和降低迷走神經的控制功能。此外，老化使竇房結細胞數量減少，據推測也可能是安靜心跳降低的原因。最大心跳率方面，隨著年齡增加，最大心跳率會逐年下降，年輕時的最大心跳率約為每分鐘200下，老年之

後最大心跳率則降低為每分鐘150-160次，而連帶影響的就是最大攝氧量的減少。造成最大心跳率下降的原因目前還不明確，但被認為和老化心臟對體內兒茶酚胺（Catecholamine）反應下降及心室的僵硬（彈性下降）有關。

休息時收縮壓升高

老化對血壓的影響，主要是休息時收縮壓升高，但也會增加姿勢性低血壓的發生，前者會造成高血壓的情形，而後者主要和姿勢有關，例如突然從躺姿到站姿，或是從游泳池突然上到地面，都有可能造成姿勢性低血壓，而這也和老年人常發生跌倒的情形有關。由於影響血壓的因素主要為心輸出量和血管周邊阻力，心輸出量較不會受到老化的影響，因此老年人血壓的變化主要是受到血管周邊阻力的影響。若血管周邊阻力越高，血壓則越高；另外由於血管壁增厚，缺乏彈性，以及在管壁內堆積了脂肪和膽固醇，血管管腔變窄，使心臟後負荷（Afterload）增加，造成血壓升高和心室肥大

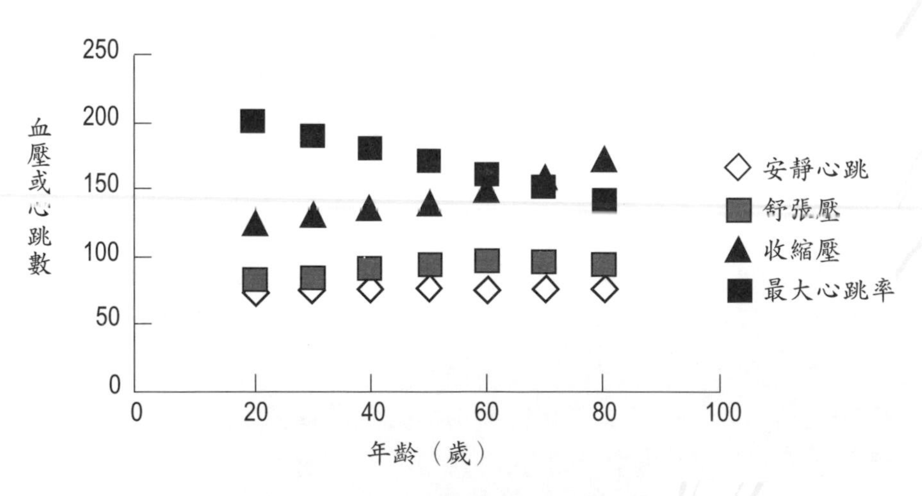

圖3-6　老化對心跳和血壓的影響

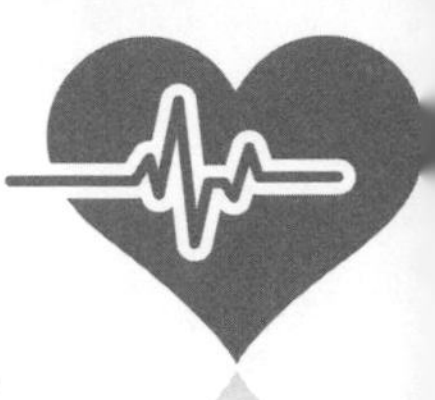

等。一般人的收縮壓從20歲之後就開始每年逐漸增加，而舒張壓則在60歲前有些許增加，但60歲後則不變或下降。此外，大部分老年人最大運動時的血壓也較年輕人高，甚至最大運動時收縮壓可達到200mmHg以上。

最大心搏量下降

心搏量（每跳輸出量）為心室舒張末期容積與心室收縮末期容積的差值，老化對休息時心搏量幾乎沒有影響，也就是說，心搏量不會因為老化而減少，然而心室的舒張末期容積卻會受到老化的影響。研究發現，心室舒張末期容積會隨著老化而增加，由於老化左心室結構上的改變，包括增加心室壁的厚度和心室的體積，導致心室後負荷的增加以及降低心室舒張時的血液回流率，這些功能性的改變在安靜狀態時可能不會受到影響，但在最大運動時，將會導致心搏量下降、心臟射出率（心搏量除以心室舒張末期容積）減少、以及影響冠狀動脈的血液供應等。

最大心輸出量下降

研究發現安靜狀態下的心輸出量不會受到老化的影響，但最大運動時的心輸出量和有氧能力則會因為老化而下降。65歲的老年人平均最大運動時的心輸出量約為每分鐘17到20公升，比年輕人低了約20%-30%。

最大動靜脈含氧差減少

動靜脈含氧差的大小決定血液中有多少氧氣滲透到組織中，也表示組織對氧氣的利用率大小，若動靜脈含氧差愈大，組織對氧氣的利用率則愈大。一般人動脈和靜脈的氧氣含量分別為每100毫升中有20毫升和15毫升的氧氣量，因此動靜脈含氧差約為每100毫升

相差5毫升的量，而在運動時，動靜脈含氧差則會增加到每100毫升相差16-17毫升的量。研究發現，老年男性休息時和次大運動時的動靜脈含氧差和年輕人差不多，但老年女性則每公升約多出20-50毫升，推測由於老年女性的運動效率較差，在執行活動時所需耗氧量較大，再加上可能心搏量和心輸出量減少等原因造成。當最大運動時，老年人的動靜脈含氧差則會明顯低於年輕人，原因和老年人的動脈含氧成分較低、周邊血流分布改變，以及組織吸收氧氣的能力下降等有關。而坐式生活的老年人動靜脈含氧差也會低於有規律運動的老年人。

最大攝氧量減少

最大攝氧量代表一個人最大有氧能力的大小，取決於心血管系統運送氧氣至肌肉和肌肉利用氧氣產生能量做功的能力，常被用來評估一個人的心肺適能，主要決定於心輸出量和最大動靜脈含氧差（最大攝氧量＝最大心輸出量×最大動靜脈含氧差）。影響最大攝氧量的因素很多，包括種族、性別、年齡、身體組成以及運動習慣等，一般人的最大攝氧量平均值為男性46-48ml/min/kg，女性34-36ml/kg/min。研究發現最大攝氧量會隨年齡的增加而遞減，在25歲以後平均每10年約下降10%，下降的原因和年齡的增加（使最大心跳、最大心輸出量減少等）、脂肪的囤積、坐式生活、肌肉組成減少等有關（**圖3-7**）。研究發現，優秀的運動員在退休之後仍保持身材且有規律的運動習慣的話，最大攝氧量退化的比例約為每10年下降5%，下降的幅度低於坐式生活的老年人。此外，最大運動能力（最大攝氧量）也被認為是健康老年人和患有心血管疾病老年人之死亡率的重要預測指標。

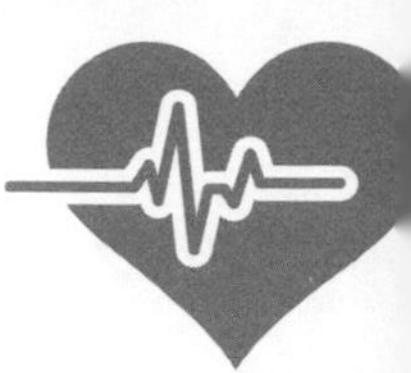

	次大運動（Submaximal）	最大運動（Maximal）
攝氧量	—	↓
心跳率	—	↓
心輸出量	↓	↓
心搏量	↓	↓
動靜脈含氧量	↑	↓
乳酸	↑	↓
血壓	↑	↑
—＝沒變化；↑＝隨年齡增加而增加；↓＝隨年齡增加而下降		

圖3-7　老化對次大運動和最大運動時心血管功能的影響

二、老化造成呼吸系統的變化

人體的呼吸系統包括鼻、鼻腔、咽、喉、氣管、支氣管和肺，主要的功能為進行外界空氣和身體血液中的氣體交換，其他的功能則包括調節血液的酸鹼值（pH值）和抵禦外來微生物等。在休息狀態下，吸氣時主要是肺部的彈性組織擴張，使空氣流入；呼氣時則是靠彈性回縮（Elastic Recoil）力量將空氣排出體外。老化對呼吸系統的影響是緩慢而漸進的，有時到60-80歲才會發現明顯的呼吸功能衰退，由於肺部有較大的呼吸保留率，可以部分代償因老化所產生結構上或生理上的改變，但現今社會空氣汙染較為嚴重，空氣中的廢氣中包含了各種不同的毒素，將會加速呼吸系統老化的速度。除了肺部組織會受到老化影響之外，胸廓和呼吸肌群也會因老化而衰退，而造成呼吸效率變差，導致肺功能下降。以下將分別介紹老化造成呼吸系統結構和功能的變化。

(一) 老化造成胸廓硬化和駝背

研究發現，隨著年齡增加，胸廓會逐漸硬化、彈性下降、活動度下降，甚至引起胸腔結構改變，導致老年人常出現駝背（Kyphosis）、筒狀胸（Barrel Chest，胸廓前後徑增加），甚至脊椎骨折的情形，這些改變和骨頭鈣化、礦物質流失、骨基質減少及膠原纖維的交互連結增多有關。英國研究調查指出，有高達60%年齡在75歲以上的女性曾發生部分脊椎骨折的現象，而60歲左右的女性有2.5%的比例發生脊椎壓碎骨折的情形，80歲左右的女性更高達7.5%有此情形。老年男性也會有脊椎骨折的現象，但發生的機率約為女性的一半。老化造成胸廓的改變，除了影響脊椎的彎曲和骨折，也會造成肋骨和脊椎關節接合的鈣化、椎間盤的空間變窄、胸壁的活動性降低，以及橫膈膜的改變等，而導致呼吸效率變差。

(二) 老化造成呼吸肌群肌力下降

老化對呼吸肌群亦會產生負面的影響，由於駝背和胸腔前後距離增加、胸壁硬化等因素，將使得橫膈膜（主要吸氣肌）產生力量的能力下降；此外，和年輕人相比，老年人橫膈膜的肌力也顯著下降約20-25%。研究發現，老年人呼吸肌群的功能和周邊骨骼肌群有高度相關性，老化造成周邊骨骼肌群的肌力下降，會影響呼吸肌群的功能降低，且呼吸肌群的肌力下降可能和老年人的營養缺乏有關。有一些研究指出，老化造成呼吸肌群的肌力和耐力逐漸減少，也會影響咳嗽的效率，且因老化肺黏膜增厚、腹肌肌力下降等，使得老年人咳嗽必須更用力才能移除氣道分泌物。

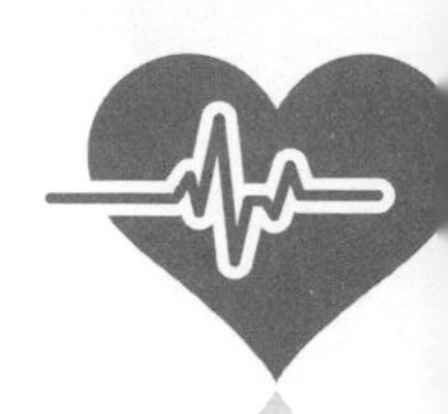

(三) 老化造成肺泡組織破壞

老化所引起的肺部組織改變，包括肺的彈性（Compliance）增加（但彈性纖維減少）和肺泡組織破壞，前者反而造成肺內殘餘容積增加，後者主要指肺泡壁變薄、肺泡增大、肺泡導管的直徑增加、肺泡與微血管間的接合減少（因老化肺部微血管減少）、甚至造成通氣—灌流失調（Ventilation-Perfusion Mismatch）等。此外，老化也會造成氣管和支氣管硬化、彈性降低及氣道阻力增加等問題，這些都會造成呼吸功能的退化。其他的影響因素也包括環境污染和抽菸。

(四) 老化造成通氣—灌流的失調

正常狀態下，肺循環為混和靜脈血液到肺部的微血管中和肺泡組織進行有效的氣體交換，將氧氣送進體內，並將二氧化碳排出體外，此時，氧氣將由肺泡組織擴散至肺部微血管，且二氧化碳將由肺部微血管擴散至肺泡組織，而有效的氣體交換決定於肺泡組織的完整性（肺泡通氣量）和肺部微血管的血液灌流量，也就是指「通氣—灌流的平衡」（Ventilation-Perfusion Match），一般而言，通氣—灌流的比值約為0.8。當年齡增加時，因肺泡組織的完整性受到破壞（肺泡變大）、肺部死腔的增加，且肺部微血管的數目逐漸減少、血液灌流量不足，肺泡與微血管間的接合減少等，將造成老年人通氣—灌流失調的情形增加，肺部氣體擴散的能力（Diffusing Capacity）也就跟著下降，使得老年人的呼吸效率降低、呼吸功能逐漸退化。

(五) 老化造成肺部殘餘容積和功能肺餘容積增加

研究發現，老化會造成小氣道的塌陷、增加肺泡彈性（Compliance）、減少肺泡彈性回縮力量、肺部氣體排空能力變差等，結果導致肺部殘餘容積（Residual Volume, RV）和功能肺餘容積（Functional Residual Capacity, FRC）的增加。殘餘容積是指最大呼氣後仍殘留在肺部的氣體容積，一般男性約為1,200毫升，女性約為1,000毫升；而功能肺餘容積是指呼氣儲備容積（用力最大呼氣後，較正常呼氣所增加的氣體量）加上殘餘容積，一般男性約為2,400毫升，女性約為1,800毫升；研究指出，60歲時肺部殘餘容積達35%，明顯大於20歲時的20%。當老化增加功能肺餘容積時，會逐漸導致橫膈膜變得扁平，且無法回復到原來休息時的位置，並且造成胸腔前後直徑增加，再加上胸壁彈性下降等因素，將使得老年人的呼吸功明顯增加，也會增加呼吸時的能量消耗，由於需要更多的氧氣消耗，因此安靜時每分鐘的通氣量（Minute Ventilation）將會增加以供應身體所需，亦會影響老年人運動時的呼吸功能，例如次大運動時的換氣量增加，但最大運動時的換氣量下降等。（**圖3-8**）

(六) 老化造成肺活量和最大自主換氣量下降

肺活量是指最大吸氣後再最大呼氣的總氣體量，亦即吸氣儲備容積（用力最大吸氣後，比正常吸氣所增加的氣體量）、潮氣容積（平靜狀態下的吸氣或呼氣容積）和呼氣儲備容積的總和，一般男性約為4,800毫升，女性約為3,200毫升。肺活量也會因為老化而衰退，研究發現，40歲以後肺活量就會開始下降，至70歲時肺活量約減少了40%，因此肺活量常被用來作為評估老化程度的一項生

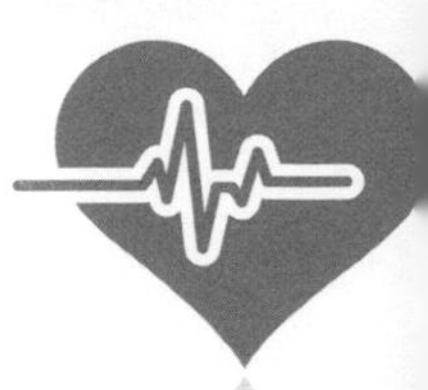

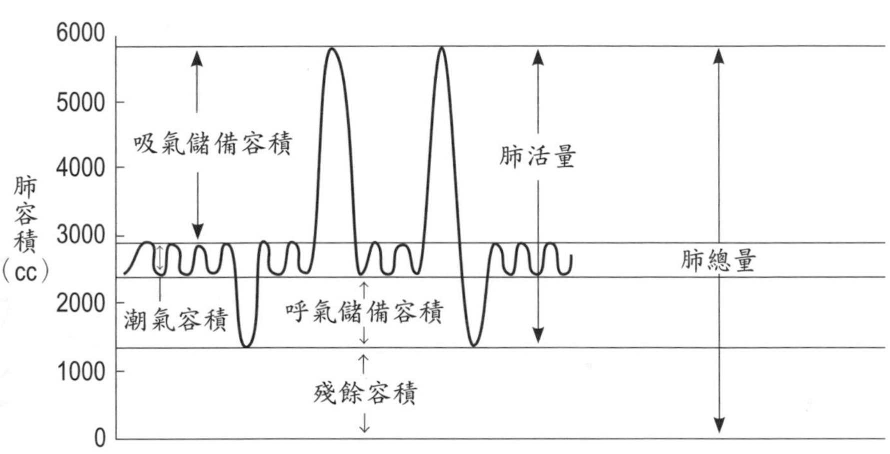

圖3-8　安靜狀態下的呼吸圖形（顯示正常的肺功能參數）

物性指標（**圖3-9**）。老化會引起胸廓的僵硬（彈性下降）、肺部彈性回縮力量降低、胸廓活動度下降皆被認為是降低肺活量（Vital Capacity）的重要因素，此外，也會造成最大自主換氣量（Maximal Voluntary Ventilation）的下降，所謂最大自主換氣量是指每分鐘自主性呼吸的最大換氣量，測試方式為受試者於12秒內做最大且最快速呼吸所得的換氣量，再乘以5倍即得1分鐘最大自主換氣量，一般男性約為140-180公升／分鐘，女性約為80-120公升／分鐘。這些肺功能參數的下降可能會影響老年人的運動表現。

(七) 老化可能造成肺部疾病機率上升

正常老化的過程中所造成的呼吸系統退化，例如氣道黏膜層增厚、纖毛減少和纖毛功能下降、肌力下降造成咳嗽效率降低、氣道早期關閉而增加閉合容積〔Closing Volume，當氣道開始受壓迫（閉合）的點，理想狀態下閉合容積相當於殘餘容積，但實際上二者並

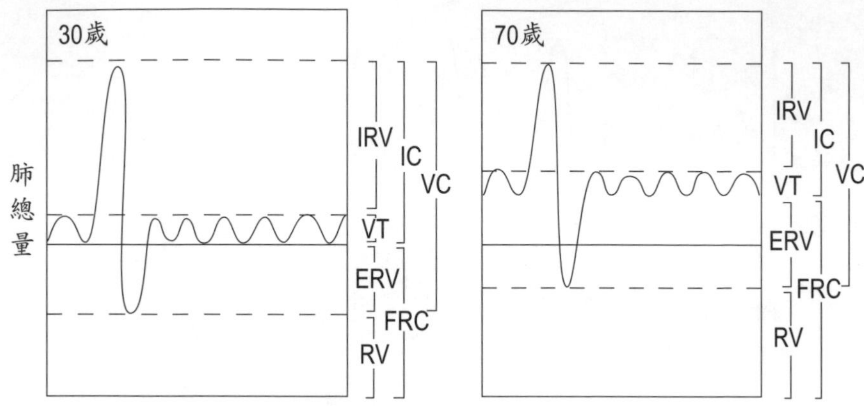

圖3-9　老年人和年輕人相較的肺功能變化：主要為肺活量變小、殘餘容積和功能肺餘容積增加

註：VT：潮氣容積，IRV：吸氣儲備容積，ERV：呼氣儲備容積，IC：吸氣容量，VC：肺活量，RV：殘餘容積，FRC：功能肺餘容積。

不相同〕，這些都可能使得老年人發生肺炎（Pneumonia）的機率上升。同時，老年人的免疫功能下降，也可能進一步增加肺部感染的風險。此外，當老年人執行較高強度的運動時，常發生呼吸困難（Dyspnea）的症狀，這可能和功能肺餘容積增加及肌力下降有關，同時也可能是限制老年人運動耐受性的重要原因。有一些研究亦指出，慢性阻塞性肺疾（Chronic Obstructive Lung Disease）的發作期通常介於50～70歲之間，包括慢性支氣管炎和肺氣腫，而老化伴隨的呼吸生理變化也會使得疾病的症狀更加嚴重。

三、運動如何減緩心肺功能的退化

老年人的坐式生活型態不但會加速心肺功能的退化，且會逐漸

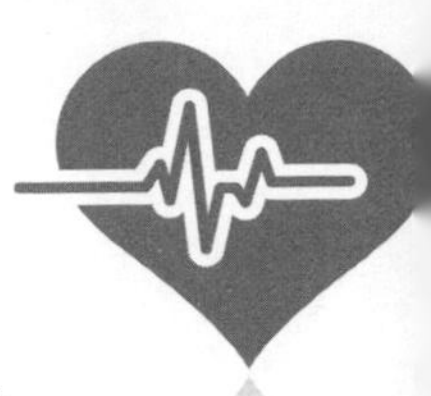

失去自我照護的能力，及增加罹患心肺疾病的風險。而規律的運動習慣可以減緩心肺系統老化的速率，使老年人較不易有虛弱感。運動對於延緩心肺功能的老化已被證實，運動不但可以改善老年人生理退化的程度，對於心理層面來說也有很大的助益。雖然運動對抗老化很有幫助，但老年人的運動需要考慮的安全層面很多，若忽略了老年人運動的防護措施，反而會造成反效果。

(一) 運動有效改善老化的心血管適能

雖然心血管適能會隨著年齡增長而慢慢衰退，但大部分的老年人仍可透過耐力型運動訓練來改善老化的心血管適能，且會產生其他潛在性的健康助益，例如某個日常生活的活動在訓練前需要用到100%的心血管適能，而訓練後可能只需要70%就能完成，自然而然也會減少疲勞感和不適感。此外，透過運動訓練甚至可以降低心血管相關危險因子和老化疾病的發生，如動脈粥狀硬化、冠狀動脈心臟病、高血壓、第二型糖尿病及骨質疏鬆症等，達到生活品質的提升。規律的有氧運動可以增加最大攝氧量，而增加的幅度則取決於訓練前最大攝氧量的基礎值及有氧運動的運動處方。研究發現，老年人從事有氧運動後，最大攝氧量增加的幅度約為15%-25%，性別無太大的差異，且增加的程度可能和年輕人相當，但訓練期可能需要較長的時間才能達到一定的效果。除此之外，老年人和年輕人一樣可以透過有氧運動來提升心血管適能，由於有氧運動可以改善左心室功能參數，降低休息時和次大運動時的心跳、收縮壓和舒張壓，且增加最大運動時的心搏量、心輸出量，同時也改善最大攝氧量等，這些對於心血管系統退化的老年人來說有正面的助益，尤其以提升最大攝氧量來說，可以進一步提高日常生活活動量和生活品質。此外，研究發現，隨著年齡增加，有規律運動習慣的人，其最

大攝氧量下降的幅度明顯低於坐式生活的人，顯示運動可以延緩心血管適能的退化（圖3-10）。

(二) 運動有效改善老化的呼吸功能

隨著年紀逐漸增加，我們的呼吸系統也會逐漸退化，但藉由運動訓練的介入，可有效改善老化部分肺功能參數，且可增進老年人

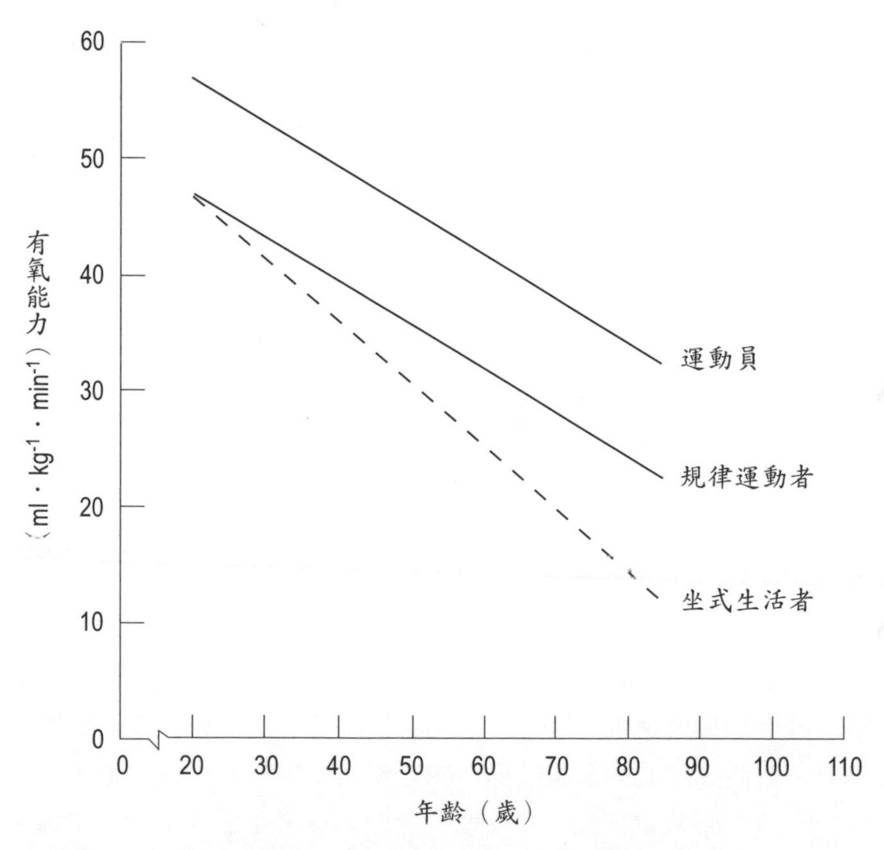

圖3-10　老化和身體活動程度對有氧能力（或最大攝氧量）的影響

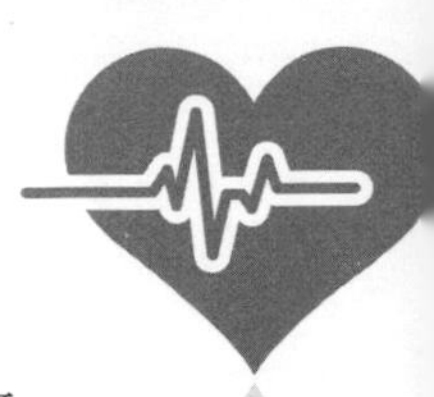

運動時的呼吸功能表現，因此可能進一步延緩呼吸系統的退化。研究顯示，老年人經過耐力型運動訓練後，可增加胸廓活動度、降低次大運動時的通氣量、二氧化碳產生量和血液乳酸量等，且可增加最大運動時的通氣量和最大自主換氣量，同時可以減少呼吸困難的發生。此外，運動也可藉由每分鐘通氣量的增加，幫助肺部分泌物的移動和排出，甚至可能減少老年人罹患肺部疾病的風險。

四、結語

老化對於心血管系統和呼吸系統均有很大的影響，這些影響將會造成結構上和功能上的退化，進一步引發各種心血管及呼吸功能障礙，甚至導致疾病的發生。除了年齡增長的因素外，坐式生活也是導致心肺功能退化的主因，因此規律的運動習慣是老年人維持心肺功能健康的重要方式。雖然運動介入無法完全避免老化的發生，但運動仍可以有效延緩老年人心肺功能上的退化，並降低心肺疾病的發生率，例如高血壓、冠心病、慢性肺部疾病等，可達到提升生活品質的目標。因此，規律和適度的運動對老年人來說相當重要，其中又以耐力型的運動是較為被接受和建議的，但阻力型的運動對老年人也是不可或缺的，有研究指出，老年人藉由肌力訓練可增加肌肉質量、增進肌力和肌耐力，且可改善平衡能力等，進一步預防跌倒的發生，而預防跌倒是老年人維持生活品質的一項重要課題。然而，設計出一套適合老年人的運動處方，需要考量的因素很多，包括運動型式、強度、時間、頻率等，而安全性尤其是需要考量的部分。運動的類型可以選擇走路、慢跑、騎腳踏車、登階、健行、爬山、跳舞、游泳等，盡量不要連續兩天都從事較劇烈的運動，可

促進疲勞恢復和降低受傷機率，例如星期一、三、五從事腳踏車、慢跑、爬山等較高強度的活動，星期二、四就可以選擇走路和游泳等較低強度的運動，並依據體能狀況來調整運動強度（或運動量大小），若患有心肺疾病的老年人，建議在運動計畫開始前應接受完整的運動測試（Exercise Testing）來決定適合的運動量。為了維持和增進心肺適能，美國運動醫學會（ACSM）建議，健康的成年人需每週運動3-5天，每天20-60分鐘，且必須在50%-85%最大攝氧量的強度，若換算成心跳數，則必須在最大心跳數的60%-90%，或是50%-85%的心跳保留率（Heart Rate Reserve，即最大心跳數減去休息時心跳數）。而對老年人來說，運動計畫的設計還必須考量他們的心肺相關慢性疾病、藥物、關節炎、骨質疏鬆症、疼痛等問題，且暖身運動和緩和運動尤其重要，可以有效預防運動傷害的發生，但也是常被忽略的部分。總而言之，一個適當強度且具安全性的運動處方才能使老年人真正達到從事運動的目的和功能性，以創造健康獨立的老年生活。

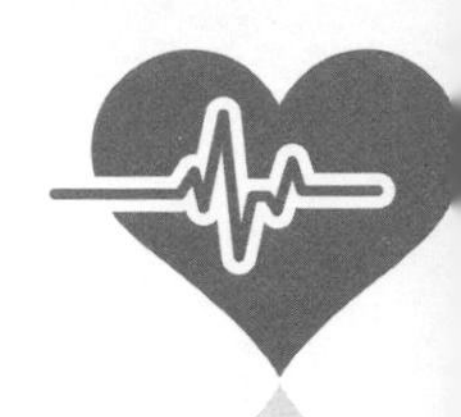

參考文獻

American College of Sports Medicine (ACSM) (2001). *ACSM's Guidelines for Exercise Testing and Prescription Plus Resource Manual for Exercise Testing and Prescription*. Philadelphia: Lippincott Williams & Wilkins.

Csiszar A., Wang M., Lakatta E. G., & Ungvari Z. (2008). Inflammation and Endothelial Dysfunction During Aging: Role of NF-kB. *J Appl Physiol*. 105(4): 1333-1341.

Guccione A. A. (Ed.) (2000). Geriatric Physical Therapy (2nd ed.). St. Louis, MO: Mosby.

Janssens J. P., Pache J. C., Nicod L. P. (1999). Physiological Changes in Respiratory Function Associated with Ageing. *Eur Respir J*. 13(1): 197-205.

Janssens J. P. (2005). Aging of the Respiratory System: Impact on Pulmonary Function Tests and Adaptation to Exertion. *Clin Chest Med*. 26(3): 469-484.

Kauffman T. L. (1999). *Geriatric Rehabilitation Manual*. NY: Churchill Livingstone.

Lakatta E. G. & Levy D. (2003). Arterial and Cardiac Aging: Major Shareholders in Cardiovascular Disease Enterprises: Part I: Aging Arteries: A "Set Up" for Vascular Disease. *Circulation*. 107(1): 139-146.

Lakatta E. G. & Levy D. (2003). Arterial and Cardiac Aging: Major Shareholders in Cardiovascular Disease Enterprises: Part II: The Aging Heart in Health: Links to Heart Disease. *Circulation*. 107(2): 346-354.

Lakatta E. G. & Levy D. (2003). Arterial and Cardiac Aging: Major Shareholders in Cardiovascular Disease Enterprises: Part III: Cellular and Molecular Clues to Heart and Arterial Aging. *Circulation*. 107(3): 490-497.

Shephard R. J. (1997). *Aging, Physical Activity, and Health*. Champaign, IL: Human Kinetics.

Taylor, A. W. & Johnson, M. J. (2008). *Physiology of Exercise and Healthy Aging*. Champaign, IL: Human Kinetics.

第4章

體能評估與老化

臺北體院運動科學研究所　陳宗與助理教授

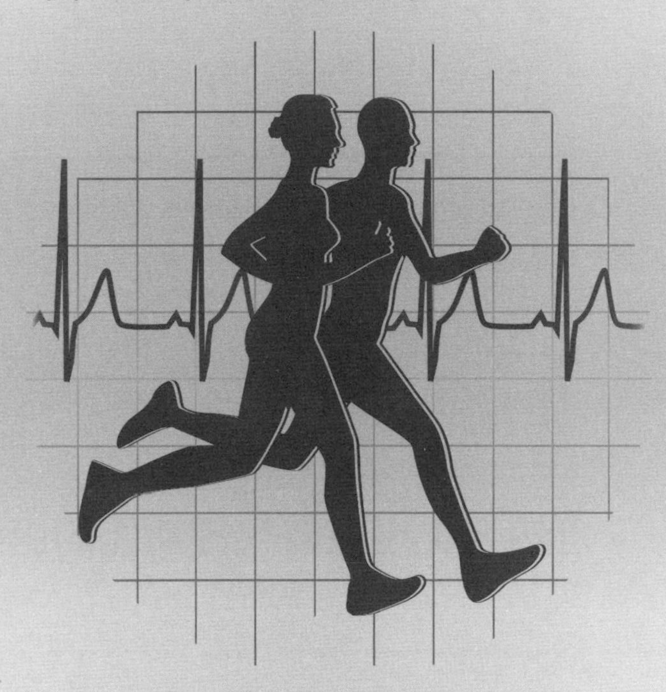

- 瞭解老化對生理功能的影響
- 瞭解功能性體適能的內容
- 瞭解功能性體適能的評估方法

根據行政院內政部公布民國99年底的人口統計資料顯示，我國男性「零歲平均餘命」為76.13歲，女性為82.55歲。相較於民國89年的統計資料，我國男性「零歲平均餘命」增加2.30歲，女性則為2.99歲。此外，65歲以上老年人口比例自民國99年底已達10.7%，老化指數為68.6%，在近3年間（民國97-99年）就升高10.5個百分點（內政部統計通報，2011），此結果顯示我國已面臨老年人口快速累積中。老年人體能狀態能直接反應在健康生活品質與維持日常生活功能上。研究顯示，中老年人之體能，從50歲起到80歲止，男性逐年下降1.43%，女性下降1.64%（Era, Schroll, Hagerup & Jurgensen, 1998）。老年人若有良好的體能狀態，能減緩與改善慢性疾病（腦血管疾病、心臟疾病、糖尿病等）、降低跌倒發生、維持自我正常生活功能與降低社會醫療支出，因此瞭解如何評估老年人體能狀態情形，將對老年人運動處方之擬定與運動時風險之降低有所幫助。在本章我們將分別討論自然老化現象對生理功能之影響、老年人功能性體適能（Functional Fitness）之內涵以及老年人功能性體適能之評估方法，以作為未來評估老年人體能狀態之參考。

一、自然老化現象對生理功能的影響

個體各組織器官功能發展成熟後，其生物功能逐漸衰退的過程稱為老化（阮玉梅等，1996）。隨著年紀的增加，身體的正常運作功能也隨之受到改變，此影響小到細胞層級，大至組織器官都會受到老化現象影響而逐漸衰退。目前瞭解，各組織器官因老化現象所造成的功能衰退情形與細胞功能降低、細胞數量減少以及大量自由基產生有關。因此，如能提供有效方法來提高細胞數量和運作功能

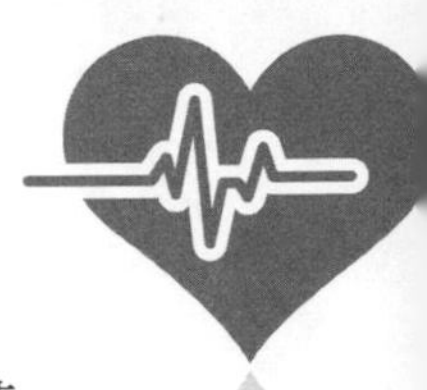

與身體的抗氧化系統，將進一步降低老化的危險因子與延緩老化時間、預防因老化現象所造成之疾病。表4-1為老化現象的發生對全身各組織系統功能與疾病之影響。

表4-1　老化現象對身體組織系統與疾病的影響

組織系統	老化現象	造成疾病
心臟血管系統	脂質沉積至冠狀動脈 血管管壁纖維化 竇房結細胞數目減少 週邊血管阻力增加	心肌梗塞 動脈硬化 心律不整 病竇症候群 高血壓
呼吸系統	肺泡表面積變小 肺泡微血管密度減少 呼吸肌強度與耐力下降 肺部通氣—灌流失調	咳嗽 深呼吸能力減弱 呼吸疾病
胃腸肝膽系統	唾液分泌量減少 胃酸分泌減少 胃蛋白酵素分泌減少 腸道絨毛萎縮 肝臟質量減少 肝細胞再生能力下降	牙周發炎、蛀牙 幽門桿菌感染增加 食慾降低 腸蠕動變慢、便祕 營養不良
泌尿生殖系統	腎元數目減少 腎絲球過濾降低 精子產量變少、活動力變差 膀胱尿道肌肉鬆弛	急性腎衰竭 腎臟病變 尿失禁、尿結石 尿道炎 前列腺發炎
皮膚及結締組織	結締組織增厚 纖維母細胞數目減少 膠原蛋白與彈性蛋白含量減少 皮脂腺分泌減少 皮囊萎縮 皮膚彈性減弱	老人斑 皮膚乾燥、易過敏、冷熱遲鈍 頭髮變少 褥瘡 易中暑或體溫過高

（續）表4-1　老化現象對身體組織系統與疾病的影響

肌肉骨骼系統	肌纖維數目減少 韌帶鈣化 關節軟骨強度變差 肌肉萎縮 骨頭質量下降	肌肉減少症 骨刺 骨折 肌肉無力 骨質疏鬆 骨關節炎
神經系統	腦神經元減少 大腦血流量減少 神經傳導物質減少 壓力反射敏感度變差 視力、聽力減退	記憶力變弱 白內障、重聽 失眠
血液與免疫系統	骨髓質量減少 養分吸收不良 胸腺質量減少 T淋巴球數目減少	貧血 缺鐵性貧血 感染 惡性腫瘤
內分泌系統	胰島素分泌量增加 胰島素敏感度下降 動情激素減少	進入更年期，情緒與生理產生變化 醣類代謝能力下降
感官系統	視網膜桿細胞數目減少 聽神經元數目減少 外耳道壁變薄 嗅覺、味覺神經元減少	白內障、老花眼、青光眼 重聽 營養不良

資料來源：劉婉真（2010）；陳人豪、嚴崇仁（2003）。

對於老年人而言，增加身體活動量或適當運動，對於減緩老化所造成的生理退化狀態有其必要性。根據先前研究發現，藉由增加身體活動的方式，將可維持老年人日常生活之生理功能，同時降低心血管疾病、類風溼性關節炎以及糖尿病等慢性疾病的罹患風險（Galloway & Jokl, 2000; Metsios et al., 2008; Manini & Pahor, 2009）。倘若能從事規律性的身體活動或運動，將能更進一步提高

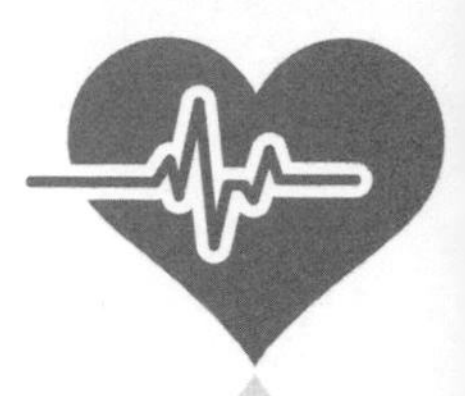

老年人健康促進的效果（ACSM, 1998）。根據Nelson等人（2004）的報告指出，年齡70歲以上的老年人在接受6個月居家運動介入（包括肌力訓練、平衡力訓練與增加身體活動量）後，運動能力增加了6.1%，動態平衡能力增加了33.8%，顯示藉由規律的居家生活型態的介入，就能增加老年人活動力與平衡能力，以降低跌倒的風險。

規律的運動能達到減緩因老化現象所造成的生理功能退化情形，而一般的規律運動型態通常分為有氧運動以及阻力運動兩大類。此兩大類型的運動對於身體適應反應上有些許不同的效果，**表4-2**為此兩種不同運動型態對生理表現之影響。

二、老年人功能性體適能的內容

一般老年人在體能的要求上，主要以維持獨立自理生活能力而能提高生活品質為主要目標，這些日常生活能力包括能自己爬樓梯、能正常走路、能順利從座椅站起，以及能手提東西等，因此對於老年族群而言，強調功能性之動作表現顯然比追求卓越的體能狀態更為重要。Rikli和Jones（1999a）兩位學者將功能性體適能定義為個體能在獨立、安全且不過度疲勞下完成每日正常身體活動。除了一般健康體適能所探討之身體組成、心肺耐力、柔軟度、肌肉力量與肌肉耐力等要素以外，對於老年族群之功能性體適能而言，則特別再增加了平衡能力、反應時間與協調能力三大要素。**表4-3**所呈現的是功能性體適能構成要素所對應之功能性活動能力及可達到之生活目標。老年族群如有良好的體適能能力，將明顯改善日常生活能力，並可促進遠離疾病與提高生活品質之生活目標。

表4-2　有氧運動和阻力運動對生理功能之影響

有氧運動		阻力運動	
增加效果	降低效果	增加效果	降低效果
最大攝氧量 最大心輸出量 心博輸出量 心率變異性 動靜脈含氧差 總血流量 骨質密度 肌肉微血管密度 肌肉吸收血糖能力 肌肉肝醣儲存量 GLUT4蛋白表現 AMPK蛋白表現 胰島素敏感度 粒線體數目 運動時脂肪使用率	脂肪量 總膽固醇 三酸甘油酯 動脈血管硬化 安靜血壓 安靜心跳率 交感神經張力 次最大運動時血壓 次最大運動時心跳	動靜態平衡能力 骨質密度 肌肉吸收血糖能力 肌肉肝醣儲存量 GLUT4蛋白表現 AMPK蛋白表現 mTOR蛋白表現 胰島素敏感度 肌力與肌耐力 肌肉量 最大有氧能力 蛋白質合成速率	脂肪量 肌纖維損傷

註：1. GLUT4（Glucose transporter 4）：為表現在肌肉組織最主要的葡萄糖轉運體。主要會受到胰島素或運動刺激，使GLUT4 蛋白從細胞內轉位至肌肉細胞膜表面，以利將血糖運輸至細胞內。

2. AMPK（5'-AMP-activated protein kinase）：為一種能偵測細胞能量狀態的感測器，並扮演調節細胞代謝運作之角色。此蛋白會受到運動刺激而活化，而達到調節GLUT4蛋白轉位與活化以利葡萄糖吸收、同時能引起肌肉粒腺體與微血管增生、GLUT4蛋白表現合成與肌肉肝醣儲存之功能。

3. mTOR（mammalian target of rapamycin）：為一種能整合細胞外刺激（如運動、神經活性、賀爾蒙或生長因子），來調節蛋白質合成與細胞生長的關鍵蛋白。目前瞭解，阻力運動會活化此蛋白，進而調控肌肉的生長，其中包括增加肌肉量和肌肉大小。

資料來源：Singh (2000)；黃奕仁（2005）。

表4-3　功能性體適能構成要素所對應之功能性活動能力及可達到之生活目標

功能性體適能構成要素	功能性活動能力	達到生活目標
心肺耐力 柔軟度 肌肉力量 肌肉耐力 平衡能力 反應時間 協調能力 身體組成	➡ 走路 爬樓梯 從椅子起身站起 舉起物品 彎腰 轉身 慢跑	➡ 自我照顧 自在逛街購物 做家務 做園藝 到處旅行 運動

資料來源：Rikli & Jones (2001).

(一) 心肺耐力

心肺耐力（Aerobic Endurance）指的是人體的心臟與肺臟相互合作，藉由血液將氧氣輸送至組織以供細胞利用之能力。換句話說，身體要做多少功或消耗多少能量與身體組織能得到多少氧氣有關，因此心肺耐力也被視為評估個人之心臟、肺臟、血管與組織細胞有氧能力的指標。研究指出，從30歲開始，個體有氧代謝能力每經過10年大約會減少5%-15%，而當年齡為70歲時，有氧代謝能力會減少至30歲時的50%，但透過增加日常身體活動後，將明顯改善因老化所造成有氧代謝能力下降情形（Jackson et al., 1995; Jackson et al., 1996）。其他相關研究也發現，透過肌力訓練或有氧耐力訓練後能持續改善老年人心肺耐力功能（ACSM, 1998a; Manini & Pahor, 2009）。因此，老年族群如要降低因老化所造成的心肺耐力衰退情形，且進一步避免影響到日常活動，透過適當的運動訓練與增加身體活動量，將是提高老年人心肺耐力的有效策略。

(二) 柔軟度

柔軟度（Flexibility）指的是個體之各關節所能伸展活動之最大範圍。個體之柔軟度與年齡增加有關，當身體柔軟度下降時將明顯降低身體活動力，其中包括彎腰、走路、舉手等動作（Konczak et al., 1992; Chodzko-Zajko et al., 2009）。研究指出，65歲以上的老人族群大約有30%的人肩膀柔軟度已明顯下降，而此退化情形可能會導致施做某些動作（如梳頭、拉背後口袋拉鍊）時的疼痛與姿勢不穩（Magee, 1992）。因此，對於老年族群而言，柔軟度的優劣確實是一個有效評估老年族群功能性體適能的客觀指標。另外，後續也有運動訓練介入的研究發現，運動訓練後能顯著改善老年人上下肢的柔軟度，而降低因老化所造成的柔軟度下降情形（Rikli & Edwards, 1991; Chodzko-Zajko et al., 2009）。

(三) 肌力與肌耐力

維持老年族群之肌肉力量（Muscle Strength）一直是探討功能性體適能中最重要的一環。研究發現，從50歲開始，每經過10年，肌肉力量會衰退約15%-20%（ACSM, 1998a），此衰退情形又被稱為肌肉減少症（Sarcopenia），目前發現此症狀的發生會明顯影響個體正常之日常活動，這些活動包括爬樓梯、走長距離的路、起身離開座位、手提東西、抱小孩或寵物等。一個針對70歲以上，人數高達6,000人的研究發現，有26%的受試者連一個台階都無法爬上去；31%的受試者非常困難的提起約10磅（約4.54公斤）的物品；36%的受試者無法順利自己走幾條街道（Stump et al., 1997）。此外，其他研究顯示，當老年人的下肢肌力開始衰退時，將可能造成晚年

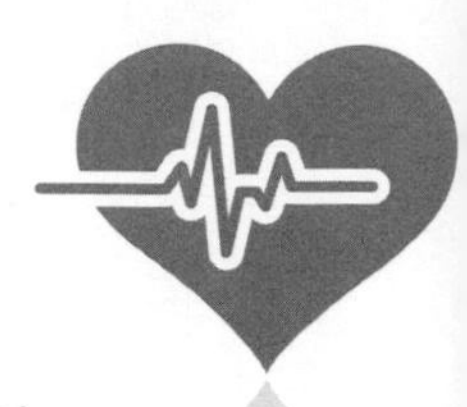

動作失能情形，因此觀察老年人下肢肌力下降情形，也被視為是一個預測晚年動作失能的指標（Beissner et al., 2000）。維持老年人的肌肉力量與功能除了可以預防跌倒受傷外，同時還可以減低罹患與老化現象有關之疾病，其中包括減緩骨質流失、改善肌肉對於葡萄糖吸收之能力與預防肥胖發生（Evans & Rosenberg, 1991; Willey & Singh, 2003）。研究發現，造成老年人肌肉量流失與力量減少有許多原因，例如基因、疾病、營養、抽菸、肥胖等，但大部分研究者認為主要的原因可能與降低身體活動或不活動（Physical Inactivity）有直接關聯（Borst, 2004; Narici, & Maffulli, 2010; Khamseh et al., 2011）。針對預防與治療老年人肌肉力量降低的相關研究發現，透過運動訓練的方式將可明顯恢復所流失的肌肉量與肌力（Borst, 2004; Doherty, 2003）。

(四) 敏捷力

敏捷力（Agility）包含了平衡能力、反應時間與協調能力。對於老年人而言，能在有限的時間內上下公車、突然聽到電話聲響而能快速起身接聽、看到對面來車時能快速走開等動作，都必須仰賴個體本身的平衡能力、反應能力以及協調能力相互配合才能達成，因此當上述任何一項能力產生功能失調時，便會明顯影響個體所要完成的動作。一般來說，平衡能力（Balance Ability）指的是個體在靜止或動作中，身體能維持重心穩定的一種能力。平衡能力會受到視覺、感覺統合能力、肌肉力量以及肌肉協調能力所影響。許多老年人通常會因上述某些功能的退化而呈現較差的平衡能力，此結果將明顯降低老年人在日常生活上的安全感，如平衡能力持續衰退，將增加老年人對跌倒的恐懼，進而影響到社交生活與日常生活動作表現。反應時間（Reaction Time）指的是個體接受到外在刺激後到

完成整個應對反應所需的時間。個體反應時間的長短會受到刺激與完成動作的複雜度、練習、肌肉的肌力、準備姿勢、神經傳導等所影響。老化現象造成神經傳導物質分泌減少、肌肉力量衰退是老年族群反應能力降低的主因，但目前的證據顯示，透過適當運動訓練（有氧運動與阻力訓練）後，老年人的反應能力、平衡能力以及協調能力都能獲得明顯改善（Borst, 2004）。

三、身體組成

身體組成指的是身體肌肉、脂肪、骨骼及其他組織所組成之比例。近年來，因脂肪對健康的影響越來越受重視，所以測量身體組成的重點便著重在體脂肪占全身組織的比例。研究發現，當身體脂肪所占的比例增加時，將明顯影響個人健康與活動能力。統計資料顯示，男性與女性從30歲起，每年會增加約0.4-0.5公斤的體重，而男性會持續增加到約50歲，女性則會增加到約60歲。另外，其他報告指出，男性在50歲到80歲之間，肌肉量大約減少了9公斤，而脂肪量則明顯增加約3.4公斤，顯示中年至老年時身體組成的改變主要來自於肌肉量大量減少。身體質量指數（Body Mass Index, BMI）為典型且常用來評估身體組成的間接指標（Shepherd, 1997），其計算方式為體重（kg）除以身高（m^2）。當計算後之BMI值小於18.5時為過輕、介於18.5-24之間為正常範圍、介於24-27之間為過重、介於27-30之間為輕度肥胖、介於30-35之間為中度肥胖、大於35則為重度肥胖（行政院衛生署，2002）。雖然利用BMI值作為評估身體組成的方法有其便利性，但BMI值是以體重與身高的比值計算得來，因此較難區分體重較重的原因是因為個體肌肉量比例較高或是脂肪

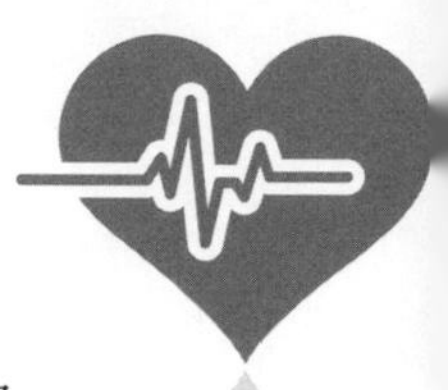

量比例較高所致。此外，測量腰圍也是一個有效評估體脂肪分布的間接指標，當所測量出的腰圍值越高時，則代表腹部脂肪堆積越多，對於罹患疾病的風險也會相對增加，當男性腰圍超過90公分；女性腰圍超過80公分時即屬異常範圍。利用生物電阻法也可預測體內的體脂肪百分比（脂肪占全身的比例），如男性體脂肪百分比大於25%；女性體脂肪百分比大於30%將被定義為肥胖（行政院衛生署，2002）。

四、老年人功能性體適能的評估方法

老年人功能性體適能檢測方法大都參考Rikli和Jones（2001）所發展之老人體適能檢測（Senior Fitness Test Manual）版本。此測量項目主要以接近日常生活功能動作為主。老年人功能性體適能測量項目共分為八大項目，包括心肺耐力、上肢肌力、下肢肌力、上肢柔軟度、下肢柔軟度、靜態平衡、動態平衡、反應能力及身體組成。各測量指標之方法如表4-4所示。

表4-4　功能性體適能各測量效標檢測方法

測量效標	檢測方法
心肺耐力	6分鐘走測試（6 min walk test）、2分鐘抬腿踏步測試（2 min step test）
上肢肌力	肱二頭肌屈舉測驗（Arm curl test）
下肢肌力	椅子站立測試（Chair stand test）
上肢柔軟度	雙手背後互扣測試（Back scratch test）
下肢柔軟度	坐椅前彎測驗（Chair sit-and-reach test）
靜態平衡	閉眼或睜眼單腳站（Stand on one leg-with or without eyes closed）
動態平衡	起身步行8英尺折返計時測驗（8-foot up-and-go test）
反應能力	落棒反應測驗（Bar-gripping reaction time test）
身體組成	測量身高與體重（Height and weight）

以下將分別介紹每一種檢測方法的目的、重要性、所需設備、施測說明以及注意事項。本次協助示範的學生為：

臺北市立體育學院動態藝術學系：林士挺、吳佩華。
臺北市立體育學院運動科學研究所：莊昇儒、王翊澤。

特此感謝。

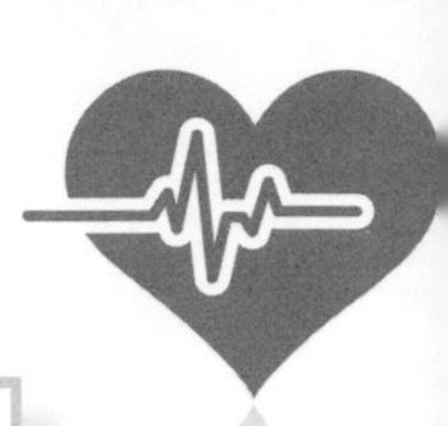

6分鐘走路測試（6 MIN WALK TEST）

目　　的：評估老年人心肺耐力功能。

重 要 性：良好心肺功能有助於老年人增加走路距離、提高爬樓梯、郊遊、觀光等能力。

所需設備：碼錶、皮尺、2-4個三角錐、白色膠帶、粉筆或油性筆。

施測說明：測驗前可先使用皮尺以每2公尺為一單位連續標記至10公尺，再利用三角錐做折返點，計算6分鐘所能走的距離。

注意事項：需選擇一個平坦好走的場地，受試者在測驗過程中，若有不舒服的情形，須立即停止測驗。

2分鐘抬腿踏步測試（2 MIN STEP TEST）

目　　的：當測驗場地受到空間與氣候限制時，提供評估老年人心肺耐力功能的另一種測驗方法。

重 要 性：良好心肺功能有助於老年人增加走路距離、提高爬樓梯、郊遊、觀光等能力。

所需設備：碼錶、皮尺、白色膠帶。

施測說明：測驗前可先使用皮尺量測抬腿高度，高度約於髕骨（patella）與髂骨（iliac crest）中間，計時2分鐘踏步次數。

注意事項：受試者如有平衡問題，施測時需靠牆邊或椅子旁進行，以提供失去平衡時的支撐點。受試者在測驗過程中，若有不舒服之情形，須立即停止測驗。整個測驗流程完成後，可詢問受試者是否可緩慢行走以達到緩和效果。

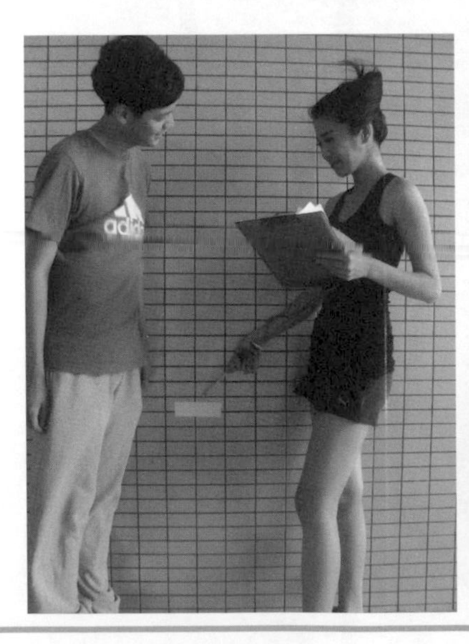

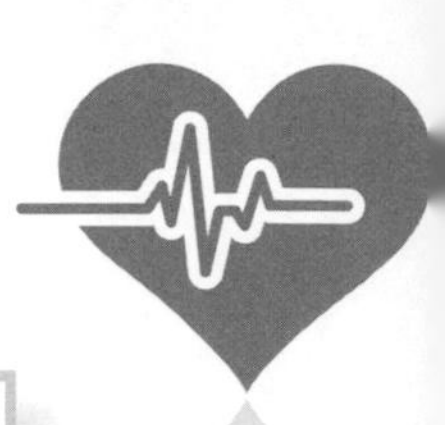

肱二頭肌屈舉測試（ARM CURL TEST）

目　　的：評估老年人上肢肌力。

重 要 性：良好上肢肌力有助於老年人做家庭雜務、園藝、提物等能力。

所需設備：碼錶、穩定且無扶手的椅子、男性受試者需準備8磅（3.63kg）的啞鈴、女性受試者需準備5磅（2.27kg）的啞鈴。

施測說明：測驗前將椅子靠在牆邊，受試者坐下，後背需挺直。施測者須告知如何舉起啞鈴與需注意事項，正式測驗開始前可讓受試者在不拿啞鈴下試舉1-2下。正式測驗開始後，計算30秒內所舉的次數。

注意事項：測驗過程中，受試者覺得手臂覺得疼痛或不舒服時，立即停止測驗。

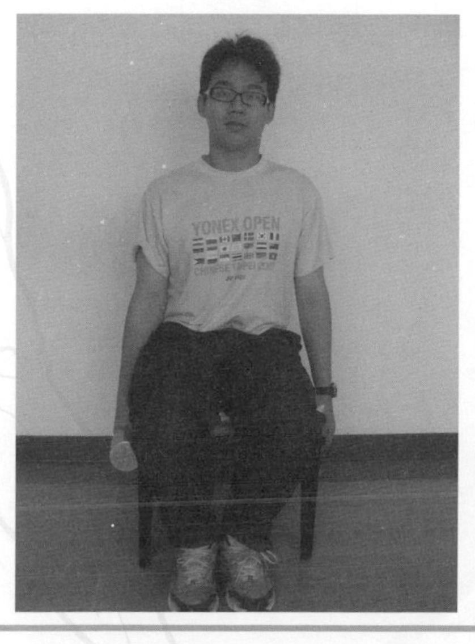

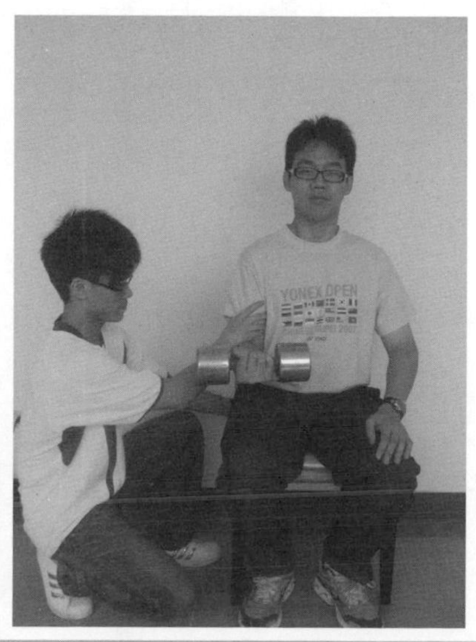

椅子站立測試（CHAIR STAND TEST）

目　　的：為評估老年人下肢肌力。

重 要 性：良好下肢肌力有助於老年人爬樓梯、走路、上下車、離開座位等能力，此能力的增加能降低老年人跌倒的風險。

所需設備：碼錶、直背且穩定無扶手的椅子，高度為17英寸（43.18公分）。

施測說明：測驗前將椅子靠在牆邊，以防止椅子滑開。受試者坐在椅子中間且背需挺直。雙臂需交叉抱在胸前。正式測驗開始後，計算30秒內能完成坐下與站起來的次數。

注意事項：測驗過程中，須確實固定椅子，以免滑動。施測者須全時站在受試者旁注意平衡問題，以保護受試者免於跌倒。受試者在測量過程中覺得有疼痛感或不舒服時，立即停止測驗。

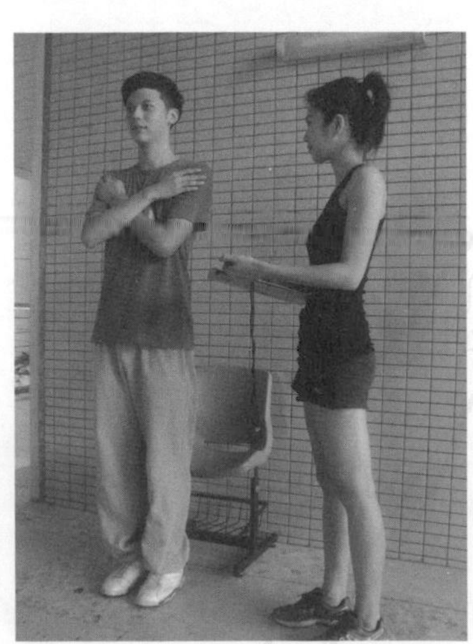

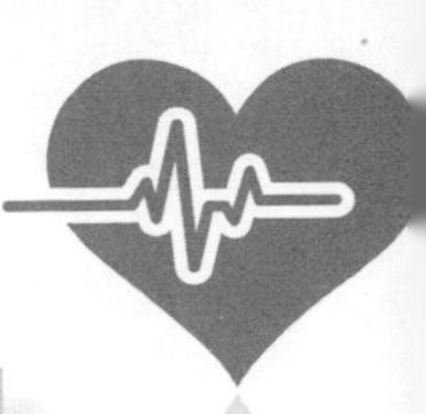

雙手背後互扣測試（BACK SCRATCH TEST）

目　　的：評估老年人上肢柔軟度。

重 要 性：良好上肢肌力有助於老年人可獨自繫上安全帶、梳頭、穿脫套頭之服裝等能力。

所需設備：一把長尺（35-45公分）。

施測說明：受試者以站姿方式將慣用手由上往下放至於肩膀後，另一手由下往上放至背後，量測兩手手指距離，距離越短者，其上肢柔軟度越佳。

注意事項：受試者在測量過程中覺得有疼痛感或不舒服時，立即停止測驗。避免在測量過程中彈跳式的伸展。

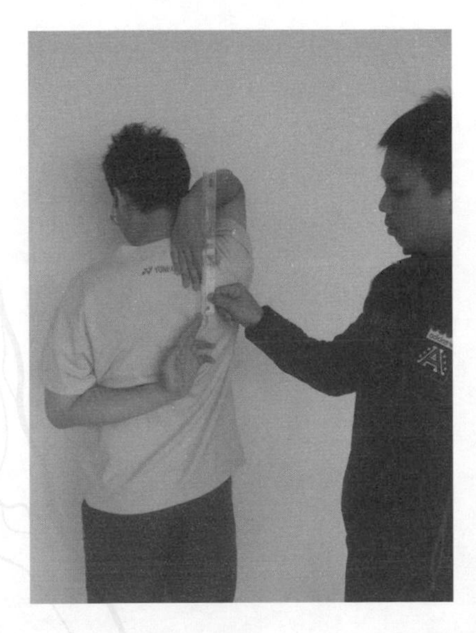

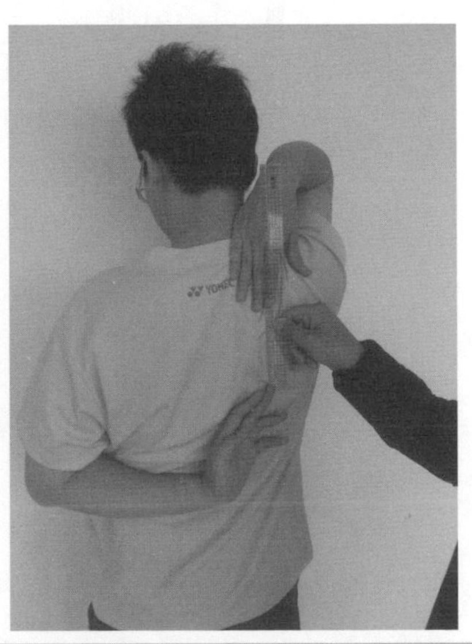

坐椅前彎測試
（CHAIR SIT-AND-REACH TEST）

目　　的：評估老年人下肢柔軟度。

重 要 性：良好下肢肌力有助於老年人上下車、正常的步態等能力。

所需設備：直背且穩定無扶手的椅子，高度為17英寸（43.18公分），一把長尺（35-45公分）。

施測說明：受試者以坐姿方式坐於椅子邊緣，將一隻腳伸直後，手指頭盡力往腳趾頭的方向伸展，量測手指頭與腳趾頭的距離。如果受試者伸展時，手指頭無法碰觸到鞋頭時，所記錄之數值須以負值表示，當手指頭剛好能碰觸到鞋頭時，量測數值需記錄為零，手指頭超過鞋頭時，記錄之數值以正值表示。

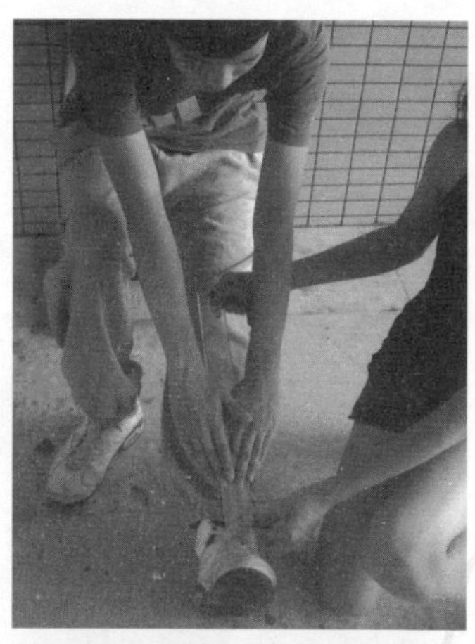

注意事項：測驗過程中，須確實固定椅子，以免滑動。測驗時須提醒受試者慢慢做延伸動作，避免彈跳式動作。受試者在測量過程中覺得有疼痛感或不舒服時，立即停止測驗。

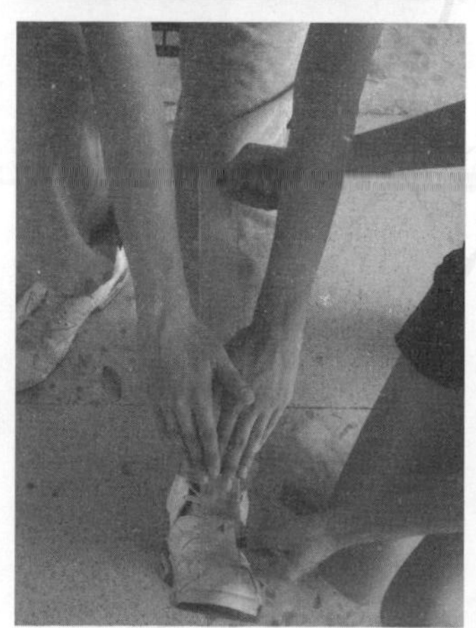

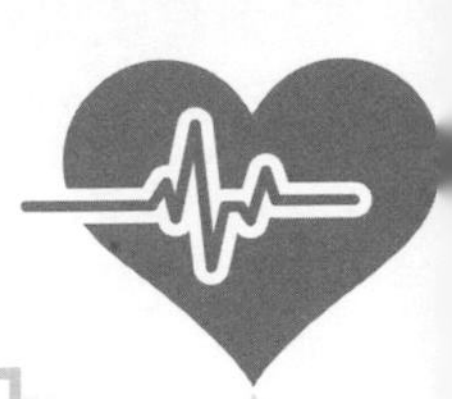

閉眼或睜眼單腳站立（STAND ON ONE LEG-WITH OR WITHOUT EYES CLOSED）

目　　的：評估老年人靜態平衡能力。

重 要 性：良好的平衡能力有助於預防老年人跌倒。

所需設備：碼錶。

施測說明：受試者在施測時需在牆邊、固定不滑動的椅子旁，以防止測驗時重心不穩而跌倒。施測時一隻腳抬起離開地面，測量閉眼或睜眼時失去平衡而腳著地的時間。

注意事項：測驗過程中，施測者須全程站在一旁保護受試者免於跌倒。受試者在測量過程中覺得有疼痛感或不舒服時，立即停止測驗。

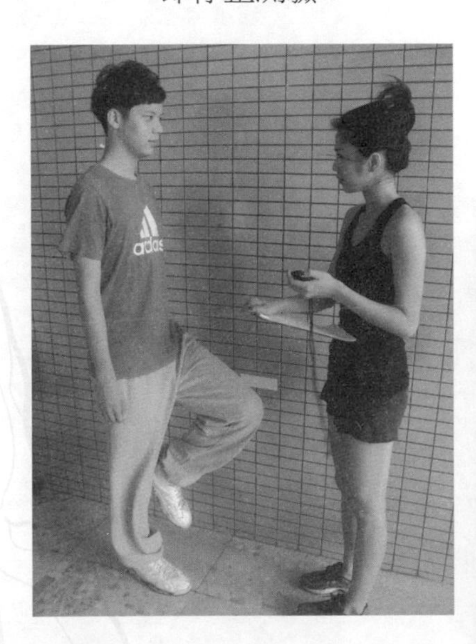

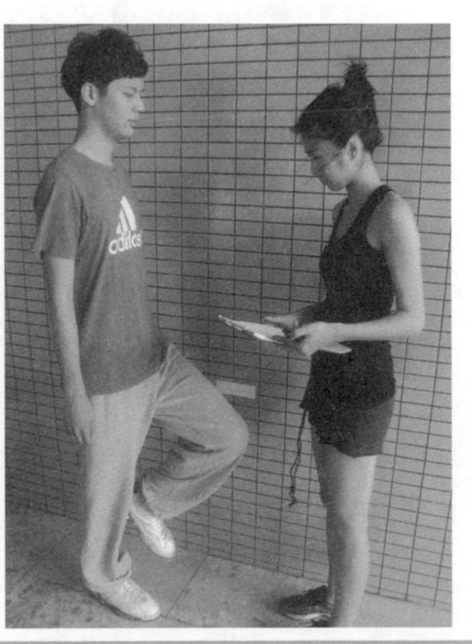

起身步行8英尺折返計時測試（8-FOOT UP-AND-GO TEST）

目　　的：評估老年人動態平衡能力，其中包括協調、反應與平衡。

重 要 性：良好的動態平衡能力有助於老年人在短時間內上下車、聽到電話聲響後短時間內能走過去接聽等。此能力的增加能降低老年人跌倒風險與提高應付緊急情況。

所需設備：碼錶、直背且穩定無扶手的椅子，高度為17英寸（43.18公分）。

施測說明：測驗前將椅子靠在牆邊，以防止椅子滑開。受試者坐在椅子中間且背需挺直。雙臂需交叉抱在胸前。正式測驗開始後，計算30秒內能完成坐下與站起來之次數。

注意事項：測驗過程中，須確實固定椅子，以免滑動。施測者須全時站在受試者旁注意平衡問題，以保護受試者免於跌倒。受試者在測量過程中覺得有疼痛感或不舒服時，立即停止測驗。

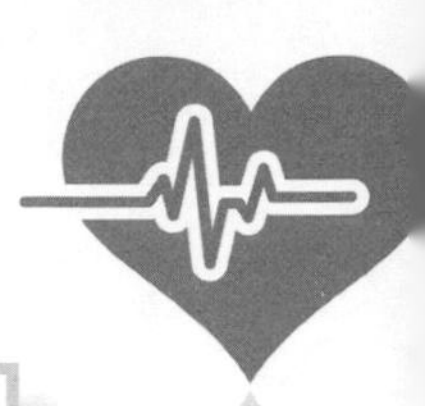

落棒反應測試
（BAR-GRIPPING REACTION TIME TEST）

目　　的：評估老年人反應能力。

重 要 性：良好的反應能力有助於老年人面對緊急危險時能快速反應，降低老年人跌倒風險。

所需設備：反應棒或量尺。

施測說明：施測者手持反應棒或量尺上端，反應棒的下端對齊受試者之大拇指與食指所形成之虎口。測驗時，受試者以屈肘姿勢準備，看見反應棒或量尺垂直落下時迅速接住，並量測距離虎口上端之量尺落下的距離。此測驗可連續測量10次，再取10次量測距離之平均值，單位取至毫米（mm）。

注意事項：測驗進行中應避免互相交談，受試者在測驗中以站姿方式接棒。

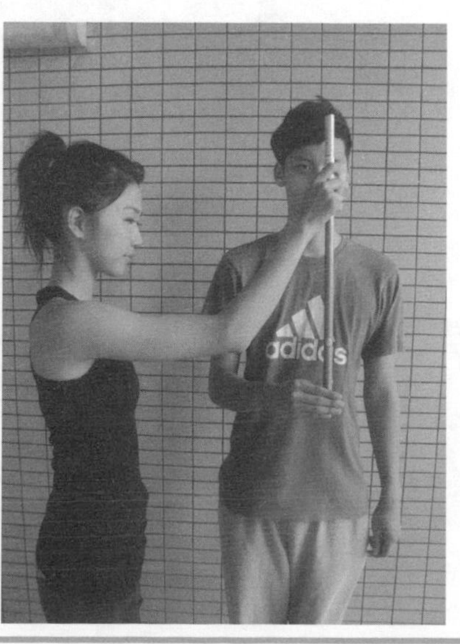

參考文獻

American College of Sports Medicine Position Stand. (1998a). Exercise and Physical Activity for Older Adults. *Medicine and Science in Sports and Exercise*. 30(6): 992-1008.

Beissner, K. L., Collins, J. E., & Holmes, H. (2000). Muscle Force and Range of Motion as Predictors of Function in Older Adults. *Physical Therapy*. 80: 556 -563.

Borst, S. E. (2004). Interventions for Sarcopenia and Muscle Weakness in Older People. *Age Ageing*. 33:548-555.

Chodzko-Zajko, W., Schwingel, A., & Park, C. H. (2009). Successful Aging: The Role of Physical Activity. *American Journal of Lifestyle Medicine*. 3: 20-28.

Doherty, T. J. (2003). Invited Review: Aging and Sarcopenia. *Journal of Applied Physiology*. 95: 1717-1727.

Era, P., Schroll, M., Hagerup, L., & Jurgensen, K. S. (1998). Physical Fitness of Danish Men and Women Aged 50 to 80 years. *Ugeskift for Lager*. 159(43): 6366-6370.

Evans, W., & Rosenberg, I. H. (1991). *Biomarkers: The 10 Determinants of Aging You Can Control*. New York: Simon & Schuster.

Galloway M. T. & Jokl, P. (2000). Aging Successfully: The Importance of Physical Activity in Maintaining Health and Function. *Journal of the American Academy of Orthopaedic Surgeons*. 8: 37-44.

Jackson, A. S., Beard, E. F., Wier, L. T., Ross, R. M., Stuteville, J. E. & Blair, S. N. (1995). Changes in Aerobic Power of Men, Ages 25-70 yr. *Medicine and Science in Sports and Exercise*. 27(1): 113-20.

Jackson, A. S., Wier, L. T., Ayers, E. F., Beard, E. F., Stuteville, J. E., & Blair, S. N. (1996). Changes in Aerobic Power of Women, Ages 20-64 yr. *Medicine and Science in Sports and Exercise*. 28: 884-891.

Konczak, J., Meeuwsen, H. J, & Cress, M. E. (1992). Changing Affordances in Stair Climbing: The Perception of Maximum Climbability in Young and Older Adults. *Journal of Experimental Psychology: Human Perception and Performance*. 18(3): 691-697.

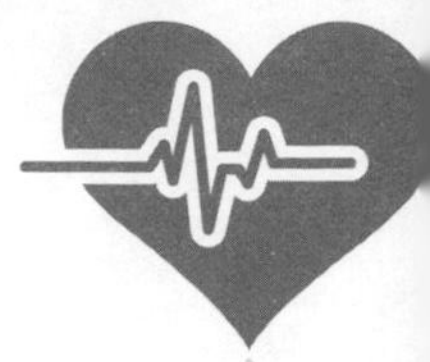

Khamseh, M. E., Malek, M., Aghili, R., & Emami, Z. (2011). Sarcopenia and Diabetes: Pathogenesis and Consequences. *The British Journal of Diabetes & Vascular Disease*. 11: 230-234.

Magee, D. J. (1992). *Orthopedic Physical Assessment*. Philadelphia: W. B. Saunders.

Metsios G. S., Stavropoulos-Kalinoglou A., Veldhuijzen van Zanten J. J. C. S., Treharne G. J., Panoulas V. F., Douglas K. M. J., et al. (2008). Rheumatoid Arthritis, Cardiovascular Disease and Physical Exercise: A Systematic Review. *Kitas Rheumatology*. 47: 239-248.

Manini, T. M. & Pahor, M. (2009). Physical Activity and Maintaining Physical Function in Older Adults. *British Journal of Sports Medicine*. 43: 28-31.

Nelson, M., Layne, J. E., Bernstein, M. J., Nurnberger, A., Castaneda, C., Kaliton, D., et al. (2004). The Effects of Multidimensional Home-based Exercise on Functional Performance in Elderly People. *The Journals of Gerontology Series A: Biological Sciences and Medical Sciences*. 59(2): 154-160.

Narici, M. V. & Maffulli, N. (2010). Sarcopenia: Characteristics, Mechanisms and Functional Significance. *British Medical Bulletin*. 95: 139-159.

Rikli, R. E. & Edwards, D. J. (1991a). Effects of a Three-year Exercise Program on Motor Function and Cognitive Processing Speed in Older Women. *Research Quarterly for Exercise & Sport*. 62(1): 61-67.

Rikli, R. E. & Jones, C. J. (1999b). Development and Validation of a Functional Fitness Test for Community-Residing Older Adults. *Journal of Aging and Physical Activity*. 7: 129-161.

Rikli, R. E. & Jones, C. J. (2001). *Senior Fitness Test Manual*. Champaign, IL: Human Kinetic.

Shepherd, R. J. (1997). *Aging, Physical Activity, and Health*. Champaign, IL: Human Kinetic.

Singh, M.A.F. (2000). Exercise and Aging. *Exercise, Nutrition and the Older Woman: Wellness for Women Over Fifty*. FL: CRC Press.

Stump, T., Clark, D. O., Johnson, R. J. & Wolinsky, F. D. (1997). The Structure of Health Status among Hispanic, African American, and White Older Adults. *The Journals of Gerontology*. 52B: 49-60.

Willey, K. A., & Singh, M. A. F. (2003). Battling Insulin Resistance in Elderly Obese People with Type 2 Diabetes: Bring on the Heavy Weights. *Diabetes Care*. 26: 1580-1588.

內政部統計處（2011）。「一○○年第二週內政統計通報（99年底人口結構分析）」。網址：http://www.moi.gov.tw/stat/news_content.aspx?sn=4943。線上檢索日期：2012年8月1日。

行政院衛生署（2002）。「國人肥胖定義及處理原則」。網址： http://www.doh.gov.tw/CHT2006/DM/SEARCH_RESULT.aspx。線上檢索日期：2012年8月1日。

阮玉梅、黃秋滿、武茂玲、吳淑貞（1996）。《公共衛生護理概論》，臺北：永大。

陳人豪、嚴崇仁（2003）。〈老年人之生理變化與檢驗數據判讀〉。《台灣醫學》，7卷3期，頁356-363。臺北：臺灣醫學會。

黃奕仁（2005）。《十六週團體運動介入計畫對老年人全人健康之影響》。國立臺灣師範大學體育學系博士學位論文。

劉婉貞（2010）。《跌倒與認知功能退化：以士林區社區老人為例》。臺北市立體育學院身心障礙者轉銜及休閒教育研究所碩士學位論文。

第5章

肌力與老化

臺北體院運動科學研究所　侯建文助理教授

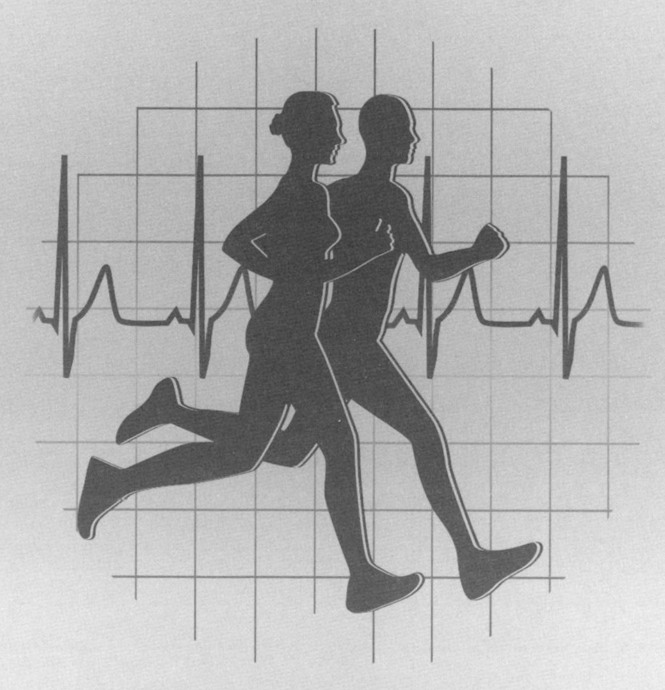

- 瞭解肌力與死亡率的關聯
- 瞭解影響肌力的因素
- 瞭解不同運動訓練對老人肌力的影響
- 瞭解運動後最佳進食時機

一、老人的隱形殺手——骨骼肌流失

跌倒對人體的傷害與年齡成正比。當嬰兒剛在學走路時，因為身體重心較低且骨骼較有彈性，所以跌倒對於嬰兒的傷害幾乎微乎其微，隨著年齡增長，身體重心增高，所以跌倒的傷害也會逐漸增加，但是因為成人骨骼非常強壯，因此一般的跌倒並不會造成嚴重的傷害。當老人進入更年期時，身體內各種荷爾蒙的濃度會有非常大的變化，因此骨質疏鬆是進入更年期老人最常見的症狀。當有骨質疏鬆的老人發生跌倒的情形，就非常容易產生骨折的現象，有研究發現，老人因為跌倒造成下肢骨折而無法活動時，兩年內死亡的機率高達50%，因此如何預防老人跌倒是現今社會非常重要的課題。

人類因老化而造成骨骼肌流失時，老人跌倒的機率就會增加（Dorca Coll et al., 1990）。早在人類犧牲穩定度，改用兩腳站立時，就已經註定比其他四腳行走的動物更容易跌倒。兩腳走路是經由腦部將一連串不平衡的動作透過精準的配合所完成，成年人的肌肉發育健全，所以走路可以非常穩定，但是老化會造成骨骼肌的流失，所以老年人跌倒的機率遠遠高於青壯年人。骨骼肌為人體主要吸收能源的組織之一，當老化導致骨骼肌流失時，會進而降低老年人的代謝能力，所以跌倒造成老人無法自行活動會加劇代謝能力的退化，進而提高老人的死亡率。骨骼肌流失會增加跌倒的機率及加速代謝能力的退化，所以如何減緩老化所造成的骨骼肌流失對於老人而言十分重要。

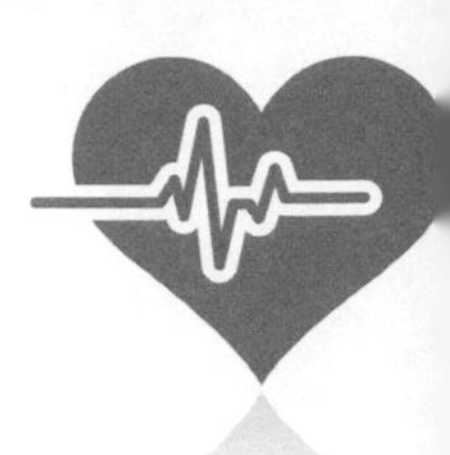

二、人體隨年齡老化逐步影響肌肉量

(一) 肌力與肌肉量成正比

人體肌肉主要分成心肌、平滑肌與骨骼肌三大類，其中骨骼肌負責維持姿勢及產生動作。骨骼肌由許多像纖維的肌肉細胞（肌纖維）構成（**圖5-1**），肌纖維可以粗分為紅肌與白肌兩大類，紅肌的特性為使用有氧系統供應能量且抗疲勞能力較佳；白肌為使用無氧系統供應能量且爆發力較佳。每塊骨骼肌都是由不同比例的紅肌與白肌構成（**圖5-2**），大部分維持姿勢或靠近骨頭內側的肌群都是紅肌比例較高的肌肉。身體藉由神經徵召不同肌纖維數目來調控力量，肌肉橫切面較大或白肌比例較高的肌肉可以產生較大的肌力，通常較大的肌力可以產生較佳的肌肉穩定度。

(二) 影響肌肉量的因素

老人為維持正常的肌力，必須瞭解哪些因素會影響肌肉量。第一個會影響肌肉量的因素為老化，人體隨著年齡老化會改變體內荷爾蒙的濃度，其中合成性荷爾蒙的濃度減少將導致肌肉合成能力下降，進而造成肌肉的流失。藥物注射也會改變身體的肌肉量，許多運動員為了爭取更好的運動表現，冒著違法的風險注射合成性類固醇來達到增加肌肉量的目的。身體會因為外在環境的變化來產生適應的現象，當細胞一直受到某種壓力時，會增強特定功能來幫助度過環境的挑戰。運動訓練可以有效增加肌肉量，造成原因為肌肉一直不斷被使用及破壞，身體會讓肌肉細胞變得更強及更多，以便身

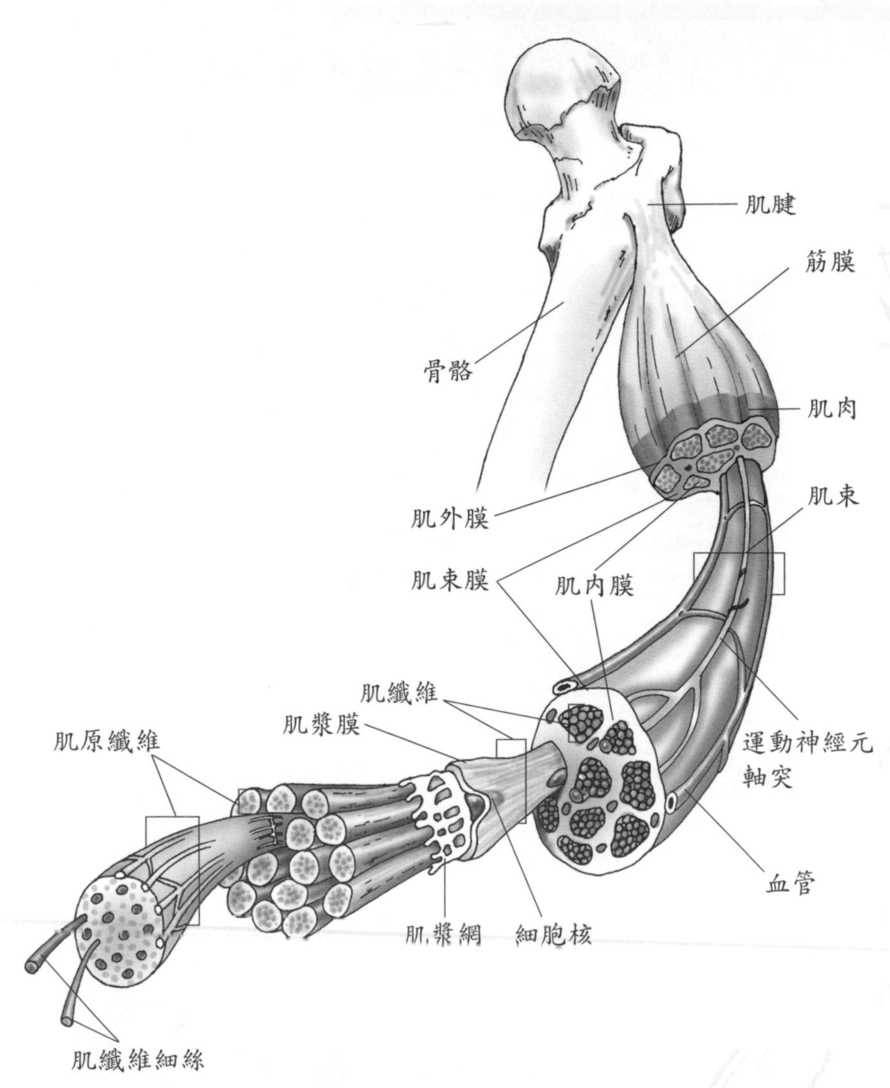

圖5-1　骨骼肌的構造

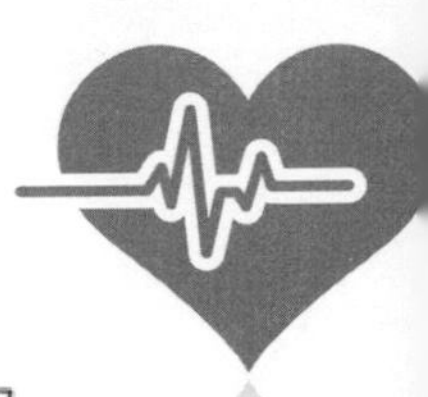

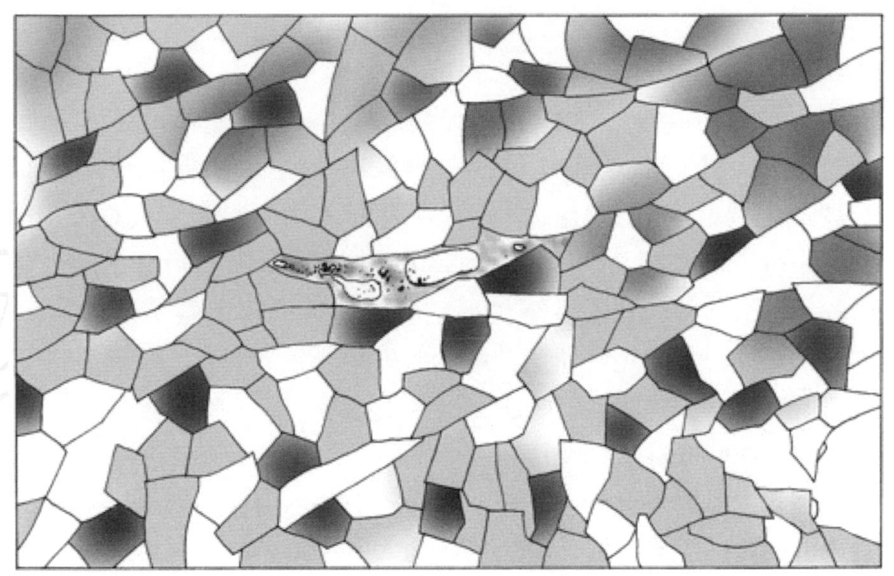

圖5-2 肌纖維型態

體可以應付高強度的運動挑戰，其中阻力訓練為增加肌肉量最佳的運動方式。運動訓練可以有效增強肌肉量，但是訓練量不一定與肌肉增加成正比，因為肌肉量並不是固定不變，而是由蛋白質合成與分解形成的動態平衡。當蛋白質合成的速率大於分解時，身體會增加肌肉量，反之則會減少肌肉量，所以當訓練量太大或者訓練頻率太高時，蛋白質分解速率會大過合成，所以過度訓練會降低身體的肌肉量。當骨頭受到外力強烈撞擊導致骨折時，醫生會將骨折的地方打上石膏來避免受到二次傷害，肌肉在復原期間因為長時間沒有收縮，也會導致肌肉流失。太空人在外太空或病人久臥病床時，肌肉長時間沒受到刺激同樣也會減少身體的肌肉量。身體需要能量及原料來合成肌肉，當能量攝取不足或攝食不均衡時，肌肉將無法合成，進而導致身體肌肉流失。

荷爾蒙對肌肉量的影響

人體是由多細胞構成的生命體，當腦部要通知其他細胞改變時，會利用內分泌系統釋放荷爾蒙來調控。荷爾蒙對骨骼肌的調控主要分成刺激合成與分解兩大類，像生長激素（Growth Hormone）、類胰島素因子（Insulin-like Growth Factor 1）或睪固酮（Testosterone）就屬於增加肌肉合成的荷爾蒙，而皮質醇（Cortisol）就屬於增加肌肉分解的荷爾蒙。生長激素是腦下垂體所分泌的荷爾蒙，主要生理功能為調節蛋白質合成、骨頭生長與能源的代謝（Dominici & Turyn, 2002），當體內生長激素濃度較高時，會提高骨骼肌的蛋白質合成速率，進而增加肌肉量。體內生長激素的濃度與年齡成反比，當年齡超過30歲以後，血液中生長激素的濃度就會降到非常低（**圖5-3**），因此老年人肌肉的合成速率會越來越低，肌肉量也就越來越少（Borst, 2004）。

生長激素的有效期非常短，當腦下垂體分泌並釋放生長激素進入血液中，生長激素經過半小時後就會被分解，因此有另外一套系統可以幫助生長激素調節身體的代謝。生長激素會刺激肝臟合成類胰島素因子，而類胰島素因子的功能主要為刺激細胞增生與抑制細胞凋亡，因此類胰島素因子可增加神經細胞的存活率、促進肌肉肥大與活化骨細胞（Perrini et al., 2010）。老化會降低體內生長激素濃度進而減少肝臟分泌類胰島素因子，因而導致肌肉合成速率下降而產生肌肉流失的症狀（**圖5-4**）。

脫氫表雄酮（Dehydroepiandrosterone, DHEA）主要是由腎上腺以膽固醇作為原料所合成的賀爾蒙（**圖5-5**），DHEA在體內固醇製造過程中是一個重要的中間產物，其功能主要為合成雄性激素與雌性激素（Olech & Merrill, 2005）。脫氫表雄酮又稱為適應源，過去即有研究發現，體內脫氫表雄酮濃度與壽命成正比，而老化會降低

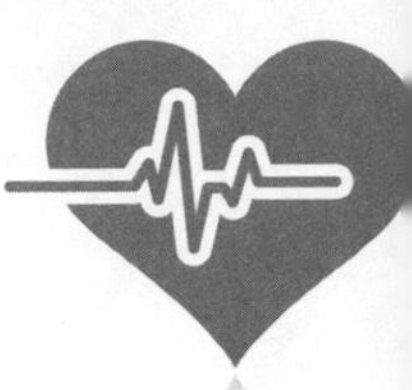

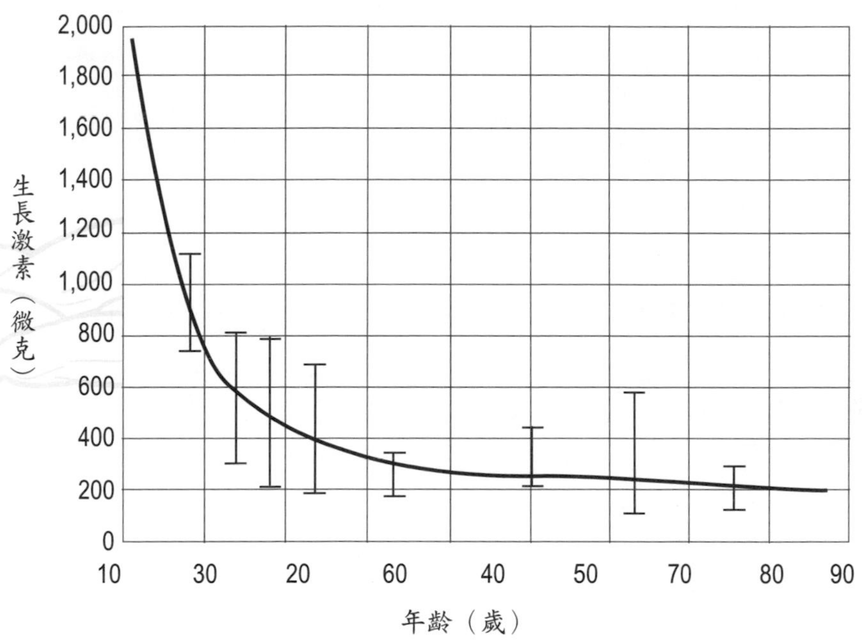

圖5-3　生長激素曲線

體內脫氫表雄酮的濃度（Hinson & Raven, 1999）。當身體處於高壓力的環境時，脫氫表雄酮會幫助身體應付壓力的挑戰。雖然單純補充脫氫表雄酮對一般人的肌肉量沒影響，但是如果補充脫氫表雄酮對有運動習慣的人將可增加運動訓練的效應，因此老人補充脫氫表雄酮可以提高阻力訓練，增加肌肉量的效益，進而預防老化對肌肉流失的影響。

老化造成人類肌肉的質量及功能下降，並且增加脂肪的堆積，而研究發現此現象與睪固酮濃度下降有關（Yeap et al., 2007）。睪固酮主要是由睪丸所產生的合成性固醇類的雄性激素，其功能具有增加肌肉量、骨骼量及降低體脂肪。以前很多運動員非法使用運動禁藥來提高運動成績，而睪固酮就是常被拿來增加肌肉量的運動

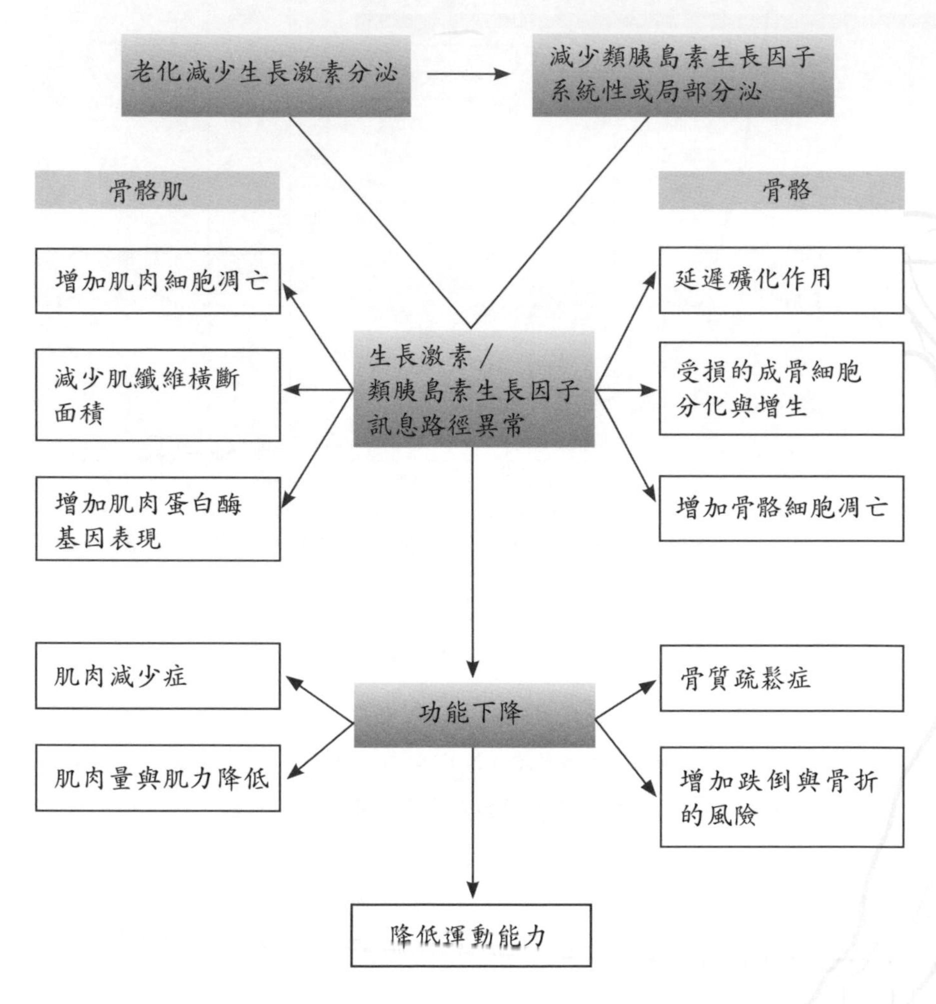

圖5-4　生長激素與類胰島素因子對骨骼肌的影響

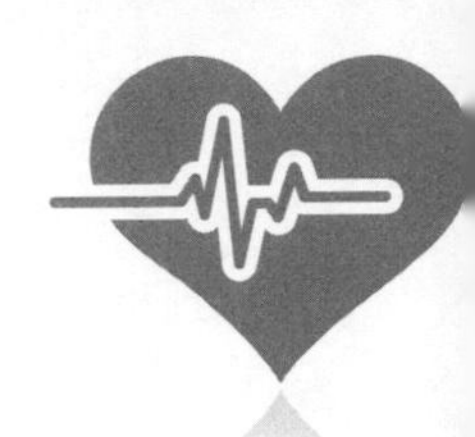

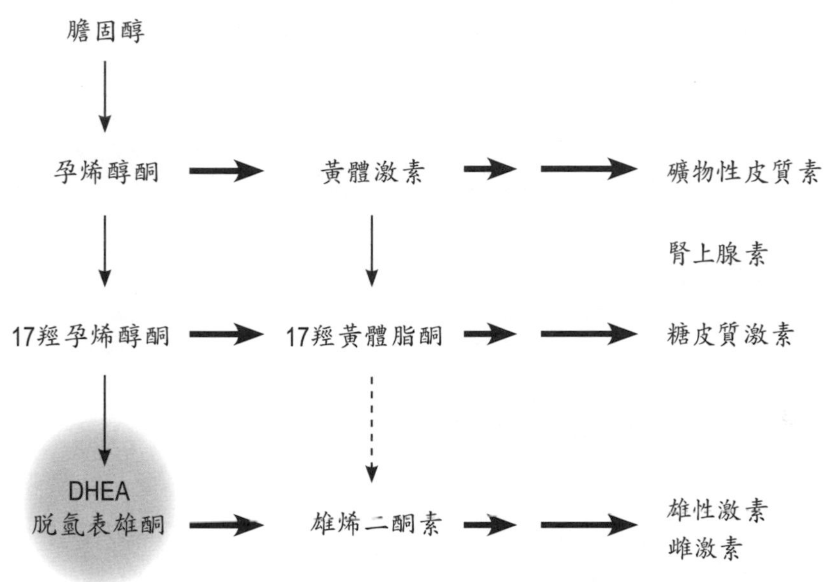

圖5-5 脫氫表雄酮的合成過程

禁藥，目的即提高肌肉細胞的合成速率進而增加肌肉量。衛星細胞（Satellite Cell）位處於肌肉纖維與膜鞘之間的幹細胞內，衛星細胞形成與肌肉纖維融合的先驅細胞來修補損傷的肌肉（圖5-6），近期研究也發現睪固酮與類胰島素因子可以增加肌肉衛星細胞的數量來造成肌肉肥大（Sinha-Hikim et al., 2003），但是荷爾蒙具有半衰期的特性，所以未來科學家希望可以利用基因治療方式來改善肌肉流失的問題。

皮質醇是腎上線分泌的壓力荷爾蒙，當外在環境給予身體壓力時，身體會釋放皮質醇來幫助應付壓力（Abplanalp et al., 1977）。皮質醇主要功能為促進異化作用來分解能源，並產生腺嘌呤核苷三磷酸（Adenosine-triphosphate, ATP），讓個體有足夠的能量來應付壓力。皮質醇會抑制生長激素與類胰島素因子的作用，進而造成肌

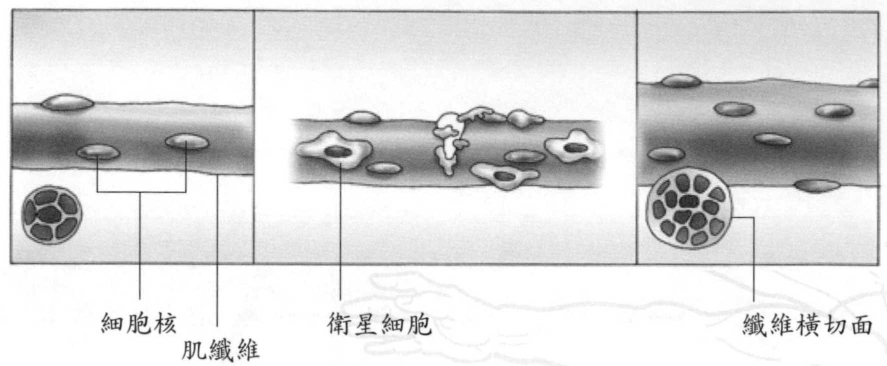

圖5-6 衛星細胞修補骨骼肌的過程

肉量變少，皮質醇也會造成胰島素敏感度降低及食欲增加，所以老化會增加人體血液中皮質醇的濃度，進而造成肌肉無力及肥胖（Peeters et al., 2008）。

運動對肌肉量的影響

人體骨骼肌數量是由蛋白質的合成及分解所形成的動態平衡，當合成大於分解時，會增加全身肌肉量，但分解大於合成時，則會導致身體的肌肉流失。身體處於安靜及空腹無胰島素狀態時，肌肉蛋白質合成速率低於分解，所以長時間沒運動加上飲食攝取量不足的話，將會導致身體肌肉流失，但是沒運動習慣的人如果利用飲食方式來提高體內胰島素的濃度，可以有效增加肌肉蛋白質合成的速率，進而增加身體肌肉量。運動會增加蛋白質合成速率來幫助身體合成肌肉，但是運動也會提高蛋白質分解速率，所以運動後飲食攝取量不足也會造成身體肌肉流失。運動後利用飲食方式提高體內胰島素濃度，對運動後的蛋白質合成速率沒有影響，但是可以降低運動後蛋白質分解速率（Biolo et al., 1999），所以規律性運動加上正確飲食習慣，可以最有效地增加骨骼肌的肌肉量。

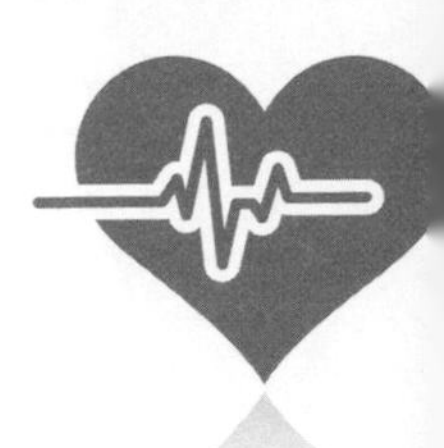

三、不同運動訓練對老人肌肉量的影響

運動訓練可以增加人體的肌肉量，但不同類型的運動訓練對於肌肉量的影響有很大的差異。運動主要可以分成心肺耐力、爆發力及阻力訓練三大類，其中阻力訓練對於增加肌肉量最有效，所以大多數的運動員都利用阻力訓練來達到增加肌肉量的訓練方式。老人因為老化而導致肌肉的流失量增加，因此如何維持老人的肌肉量是十分重要的課題，76-92歲的老人進行3個月的阻力訓練可以增加肌肉蛋白質的合成，進而增加肌肉量（Yarasheski et al., 1999），而有人針對65-74歲的老人進行18週的運動訓練，結果發現18週的耐力訓練可以有效增加老人的有氧能力，但對肌力沒有影響，但是前9週阻力訓練加上後9週的耐力訓練可以有效增加老人的有氧能力及肌力（Hepple et al., 1997），所以對老人肌肉量的維持必須藉由阻力訓練來達成。

(一) 老人必須更努力訓練肌肉

阻力訓練對於增加肌肉量有很好的效果（Abe et al., 2003; McCall et al., 1996），但是阻力訓練增加肌肉量的效果是否會隨老化而有所改變呢？由23-29歲的年輕人與68-82歲的老人同時接受12週的阻力訓練，結果發現12週阻力訓練可以同時增加兩個年齡層的肌力，然而對於年輕人的效果較佳，而且12週阻力訓練可以增加年輕人有氧快縮肌纖維的比例，但是對於老人就沒有效果（Canepari et al., 2005）。10週的阻力訓練有效增加年輕人的肌力、肌肉量及游

離性睪固酮（Free Testosterone），但是阻力訓練對老人的效果就比年輕人差（Kraemer et al., 1999），所以老人必須提升訓練才可以維持年輕人的訓練效果。

(二) 老人補充脫氫表雄酮必須搭配阻力訓練

先前提到脫氫表雄酮可以增加性賀爾蒙分泌及提高身體的適應力（Brown et al., 1999），實驗結果發現，65-78歲老人補充6個月脫氫表雄酮對於肌力、肌肉量及合成性賀爾蒙沒有影響，但是老人補充脫氫表雄酮合併阻力訓練可以有效增加肌力、肌肉量及合成性賀爾蒙濃度（Villareal & Holloszy, 2006），所以老人應該補充脫氫表雄酮來提升阻力訓練對肌肉量的影響。

(三) 阻力訓練後的飲食內容與時間

胰島素可以增加安靜狀態肌肉的合成及降低運動後肌肉的分解，實驗結果發現，運動後補充碳水化合物與蛋白質的混合食物（比率為3：1）會比單純補充碳水化合物或蛋白質，更能有效促進身體分泌胰島素及合成肌肉（Ivy et al., 2002; Zawadzki et al., 1992）。大部分民眾對於運動後食物補充時機的觀念都有偏差，很多人認為運動後馬上進食會導致肥胖，但是實際發現，運動後馬上進食會提升肌肉組織吸收能源的能力（Levenhagen et al., 2001），進而降低體脂肪比例及增加肌肉量（Suzuki et al., 1999），老人在重量訓練後馬上補充食物，對肌力及肌肉量會有較佳的效果（Esmarck et al., 2001）。

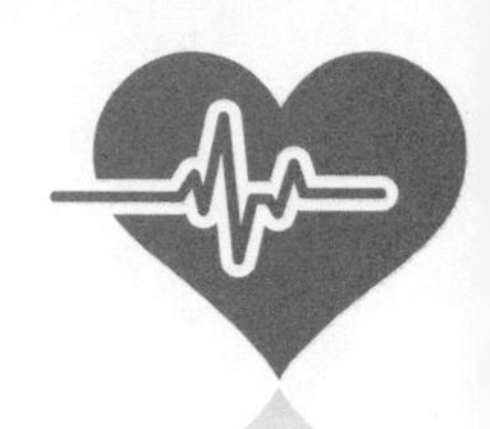

參考文獻

Abe, T., Kojima, K., Kearns, C. F., Yohena, H., & Fukuda, J. (2003). Whole Body Muscle Hypertrophy from Resistance Training: Distribution and Total Mass. *British Journal of Sports Medicine*, 37 (6): 543-545.

Abplanalp, J. M., Livingston, L., Rose, R. M., & Sandwisch, D. (1977). Cortisol and Growth Hormone Responses to Psychological Stress during the Menstrual Cycle. *Psychosomatic Medicine*, 39(3): 158-177.

Biolo, G., Williams, B. D., Fleming, R. Y., & Wolfe, R. R. (1999). Insulin Action on Muscle Protein Kinetics and Amino Acid Transport during Recovery after Resistance Exercise. *Diabetes*, 48(5): 949-957.

Borst, S. E. (2004). Interventions for Sarcopenia and Muscle Weakness in Older People. *Age and Ageing*, 33(6): 548-555.

Brown, G. A., Vukovich, M. D., Sharp, R. L., Reifenrath, T. A., Parsons, K. A., & King, D. S. (1999). Effect of Oral DHEA on Serum Testosterone and Adaptations to Resistance Training in Young Men. *Journal of Applied Physiology*, 87(6): 2274-2283.

Canepari, M., Rossi, R., Pellegrino, M. A., Orrell, R. W., Cobbold, M., Harridge, S., et al. (2005). Effects of Resistance Training on Myosin Function Studied by the in Vitro Motility Assay in Young and Older Men. *Journal of Applied Physiology*, 98(6): 2390-2395.

Dominici, F. P., & Turyn, D. (2002). Growth Hormone-Induced Alterations in the Insulin-Signaling System. *Experimental Biology and Medicine*, 227(3): 149-157.

Dorca Coll, A., Cespedes Cespedes, T., Prats Climent, B., & Dorca Coll, M. R. (1990). Why Do Old People Fall Down? *Revista de Enfermeria*, 13(139): 23-27.

Esmarck, B., Andersen, J. L., Olsen, S., Richter, E. A., Mizuno, M., & Kjar, M. (2001). Timing of Postexercise Protein Intake Is Important for Muscle Hypertrophy with Resistance Training in Elderly Humans. *The Journal of Physiology*, 535(1): 301-311.

Hepple, R. T., Mackinnon, S. L. M., Goodman, J. M., Thomas, S. G., & Plyley, M. J. (1997). Resistance and Aerobic Training in Older Men: Effects on VO 2 Peak and the Capillary Supply to Skeletal Muscle. *Journal of Applied Physiology*, 82(4): 1305-1310.

Hinson, J. P., & Raven, P. W. (1999). DHEA Deficiency Syndrome: A New Term for Old Age? *Journal of Endocrinology*, 163(1): 1-5.

Ivy, J. L., Goforth, H. W., Damon, B. M., McCauley, T. R., Parsons, E. C., & Price, T. B. (2002). Early Postexercise Muscle Glycogen Recovery Is Enhanced with a Carbohydrate-protein Supplement. *Journal of Applied Physiology*, 93(4): 1337-1344.

Kraemer, W. J., Hakkinen, K., Newton, R. U., Nindl, B. C., Volek, J. S., McCormick, M., et al. (1999). Effects of Heavy-resistance Training on Hormonal Response Patterns in Younger vs. Older Men. *Journal of Applied Physiology*, 87(3): 982-992.

Levenhagen, D. K., Gresham, J. D., Carlson, M. G., Maron, D. J., Borel, M. J., & Flakoll, P. J. (2001). Postexercise Nutrient Intake Timing in Humans Is Critical to Recovery of Leg Glucose and Protein Homeostasis. *American Journal of Physiology - Endocrinology And Metabolism*, 280(6): E982-E993.

McCall, G. E., Byrnes, W. C., Dickinson, A., Pattany, P. M., & Fleck, S. J. (1996). Muscle Fiber Hypertrophy, Hyperplasia, and Capillary Density in College Men after Resistance Training. *Journal of Applied Physiology*, 81(5): 2004-2012.

Olech, E., & Merrill, J. T. (2005). DHEA Supplementation: the Claims in Perspective. Cleveland Clinic *Journal of Medicine*, 72(11): 965-966.

Peeters, G. M., van Schoor, N. M., van Rossum, E. F., Visser, M., & Lips, P. (2008). The Relationship between Cortisol, Muscle Mass and Muscle Strength in Older Persons and the Role of Genetic Variations in the Glucocorticoid Receptor. *Clinical Endocrinology*, 69(4): 673-682.

Perrini, S., Laviola, L., Carreira, M. C., Cignarelli, A., Natalicchio, A., & Giorgino, F. (2010). The GH/IGF1 Axis and Signaling Pathways in the Muscle and Bone: Mechanisms Underlying Age-related Skeletal MuscleWasting and Osteoporosis. *Journal of Endocrinology*, 205(3): 201-210.

Sinha-Hikim, I., Roth, S. M., Lee, M. I., & Bhasin, S. (2003). Testosterone-induced Muscle Hypertrophy Is Associated with an Increase in Satellite Cell Number in Healthy, Young Men. *American Journal of Physiology - Endocrinology and Metabolism*, 285(1): E197-E205.

Suzuki, M., Doi, T., Lee, S. J., Okamura, K., Shimizu, S., Okano, G., et al. (1999). Effect of Meal Timing after Resistance Exercise on Hindlimb Muscle Mass and Fat Accumulation in Trained Rats. *Journal of Nutritional Science and Vitaminology*, 45(4): 401-409.

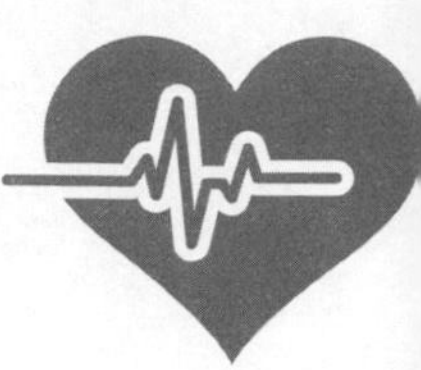

Villareal, D. T. & Holloszy, J. O. (2006). DHEA Enhances Effects of Weight Training on Muscle Mass and Strength in Elderly Women and Men. *American Journal of Physiology - Endocrinology and Metabolism*, 291(5): E1003-E1008.

Yarasheski, K. E., Pak-Loduca, J., Hasten, D. L., Obert, K. A., Brown, M. B., & Sinacore, D. R. (1999). Resistance Exercise Training Increases Mixed Muscle Protein Synthesis Rate in Frail Women and Men ≥ 76 Yr Old. *American Journal of Physiology - Endocrinology And Metabolism*, 277(1): E118-E125.

Yeap, B. B., Almeida, O. P., Hyde, Z., Norman, P. E., Chubb, S. A. P., Jamrozik, K., et al. (2007). In Men Older Than 70 Years, Total Testosterone Remains Stable While Free Testosterone Declines with Age. *The Health in Men Study. European Journal of Endocrinology*, 156(5): 585-594.

Zawadzki, K. M., Yaspelkis, B. B., & Ivy, J. L. (1992). Carbohydrate-protein Complex Increases the Rate of Muscle Glycogen Storage after Exercise. *Journal of Applied Physiology*, 72(5): 1854-1859.

第6章

激素與老化

臺北體院運動科學研究所　蔡秀純副教授

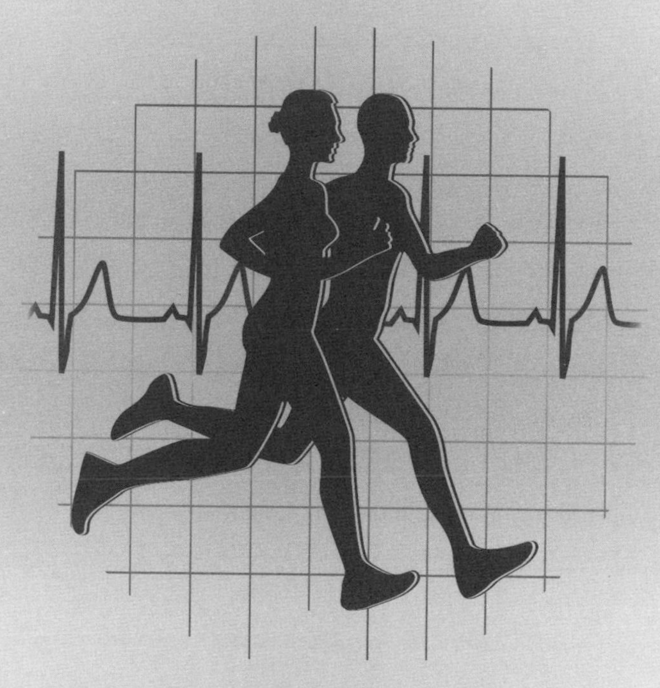

- 瞭解激素分泌及作用原理
- 瞭解老化時激素分泌的變化
- 瞭解激素補充的利與弊
- 瞭解壓力與老化的關連

內分泌系統（Endocrine System）與神經系統（Nerve System）共同合作控制全身器官的功能。神經系統依賴神經傳導物質（Neurotransmitter）影響生理功能，內分泌系統則分泌激素（Hormone）調節遠端標的器官的作用。一般來說，神經傳導物質的作用速度較快，維持時間較短；激素的作用速度較慢，能維持較長的作用時間。那麼激素的作用如何達成呢？它會隨年齡增長而改變嗎？如果改變會對人體造成何種影響呢？

一、小而美的激素

激素是醫學名詞，通俗的譯名是荷爾蒙。激素雖然種類繁多，結構多變，小則由一個胺基酸衍生的多巴胺、腎上腺素，大至近200個胺基酸形成的生長激素，但都有一些共同的特性。首先，激素必須是由內分泌腺體（無管腺）分泌出來且化學結構確認的分子，經由血液運輸到達標的器官，產生生理反應，所以其功能已被確認。再者，激素作用具有專一性，就好像門鎖及鑰匙的關係一般，標的器官或細胞一定要有激素的接受器，激素才能產生作用。大部分的激素在血液中的濃度很低，只要極少量激素便可調節生理效應；但其濃度常受個體日常活動、內在或外在環境改變而影響。

激素依其結構可分為胺基酸衍生激素、蛋白質激素以及類固醇激素。胺基酸激素是酪胺酸衍生而來，包括兒茶酚胺及甲狀腺素。類固醇激素全部衍生自膽固醇（**圖6-1**），包括腎上腺皮質分泌的礦物皮質酮、糖皮質酮、腎上腺雄性素以及性腺分泌的雌性素、助孕酮及睪固酮。蛋白質激素是由胺基酸形成的鏈狀結構，大部分水溶性激素皆屬此類。其中，兒茶酚胺及蛋白質激素是水溶性激素，

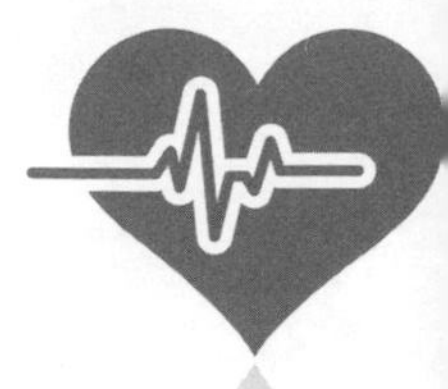

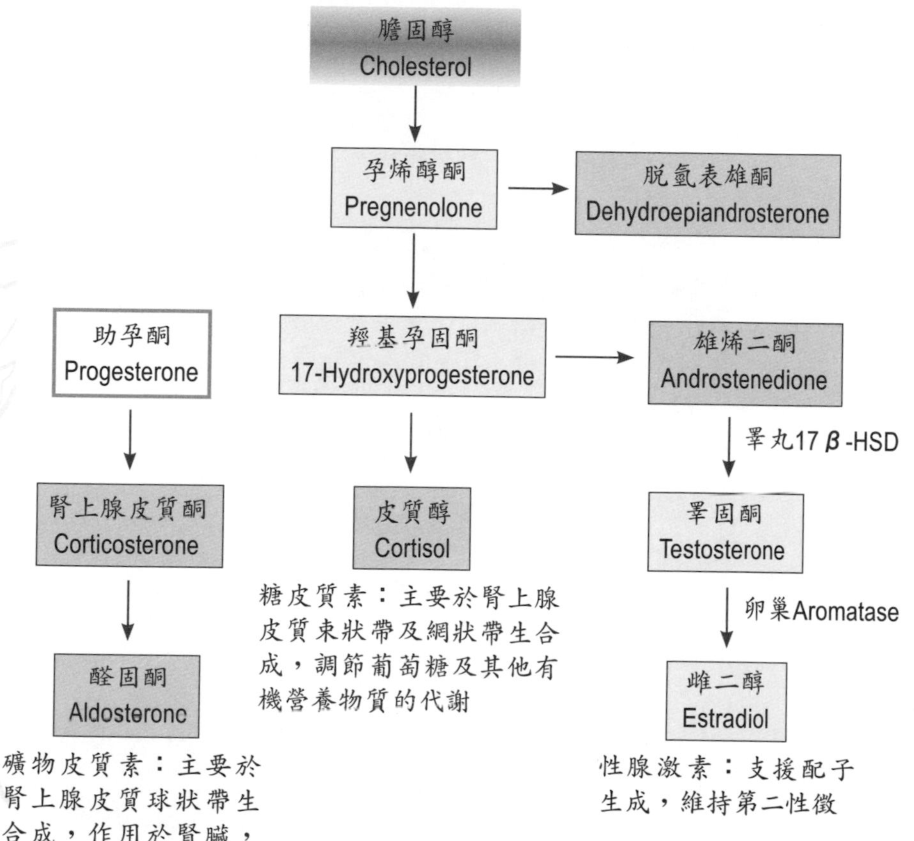

圖6-1　類固醇激素全部衍生自膽固醇

註：圖中的每個箭頭都需經不同的酵素作用，方能合成各種類固醇激素。

因為不容易穿越細胞膜，所以接受器位於細胞膜上，藉由細胞內第二傳訊物質調節細胞的生理反應，速度較快但持續時間較短（圖6-2）。甲狀腺素及類固醇激素則容易穿過細胞膜，其接受器位於細胞質或細胞核，藉由改變DNA轉錄的速度調節細胞反應，速度雖較慢但可持續較長時間（圖6-3）。

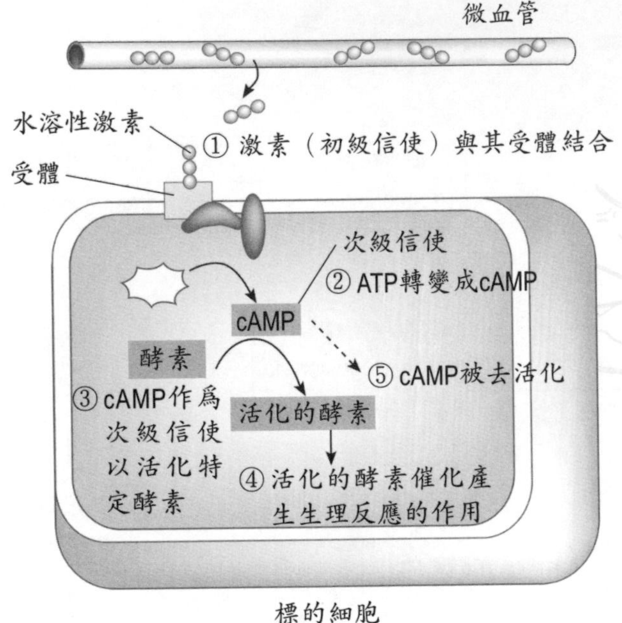

圖6-2　水溶性激素的作用機制

註：圖中顯示，水溶性激素的接受器位於細胞膜上，藉由細胞內第二傳訊物質調節細胞的生理反應。

二、激素的運作像一個效率極佳的王國

所有內分泌腺體都受到眼睛後方大腦部位的下視丘（Hypothalamus）控制，典型的內分泌腺體（圖6-4）包括：位於大腦基部的腦下腺（Pituitary）、位於頸部的甲狀腺（Thyroid Gland）及副甲狀腺（Parathyroid Gland）、胰臟中的胰島（Islet of Langerhans）、一對位於腎臟上方的腎上腺（Adrenal Gland）；男性有一對睪丸（Testis），女性則為卵巢（Ovary）。這些內分泌腺

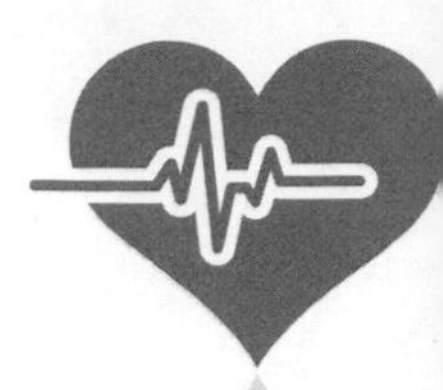

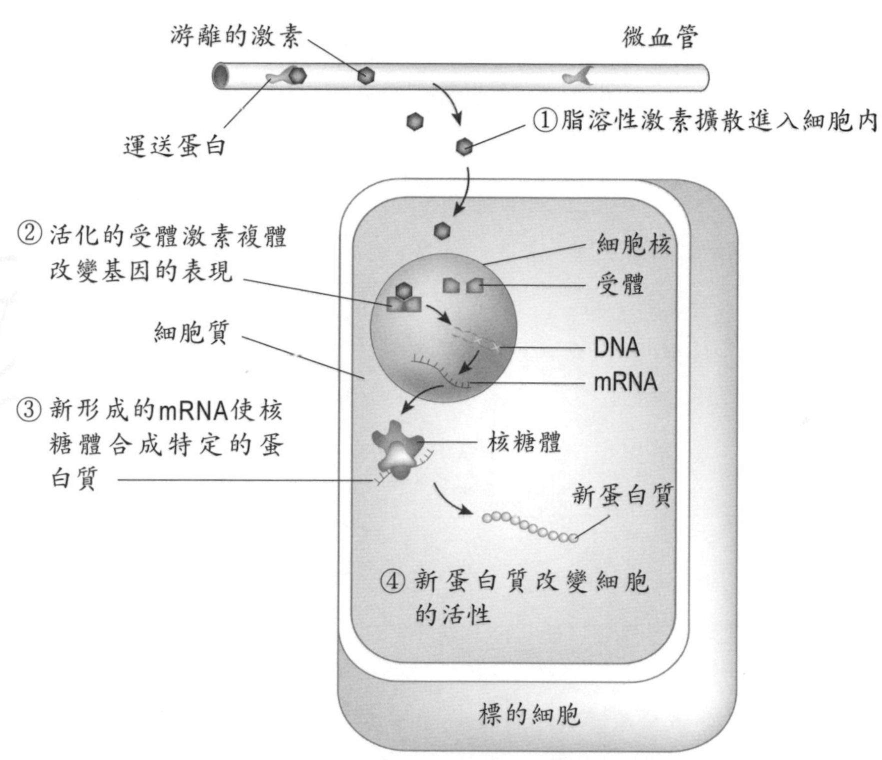

圖6-3　脂溶性激素的作用機制

註：圖中顯示，脂溶性激素的接受器位於細胞中，藉由調節基因表現改變細胞的生理反應。

都有豐富的血液供應，不僅供給營養給內分泌腺體，也是內分泌腺與標的細胞連絡的管道。激素這個肉眼不可見的化學傳訊者攜帶眾多訊息在血液中遊走，持續變化的內分泌系統就像一個運作良好的行政體系。單一內分泌腺體像一個里民服務處，對里民（各種刺激）的要求必須做出反應，或將里民的反應回報上級。他也接受更高層級行政單位傳來的訊息，不斷回應新的指示，使各級單位協調合作，以獲得更好的行政效率。在現實的政府機關中，不同的服務

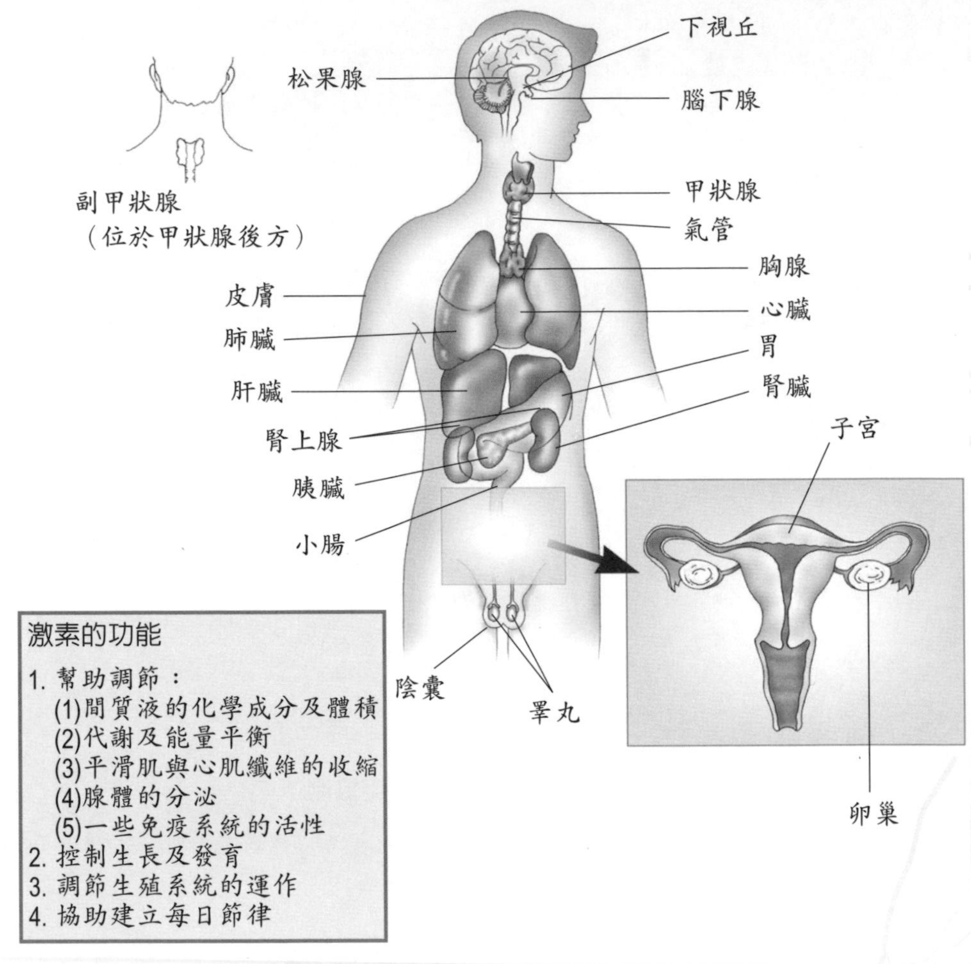

圖6-4　人體內分泌腺體的分布位置

處間可能沒有溝通聯繫，但內分泌系統中的每一個部門都會相互聯繫及協調，彼此也能知道其他單位在運作的業務，而且竭力依據指示加入協助。其回報即是協調的生理反應，反之則可能產生壓力或疾病。

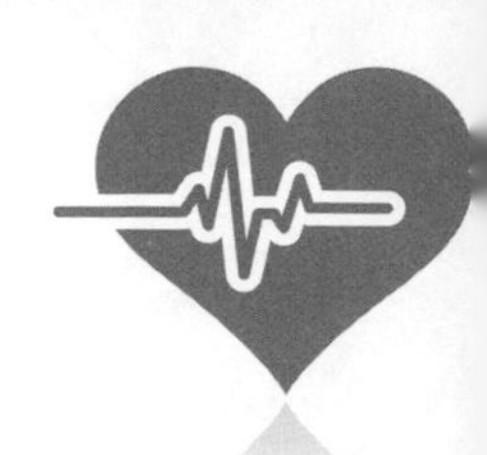

三、精密的回饋控制系統

下視丘、腦下腺前葉及下游腺體分泌的序列激素以回饋系統精密地調節激素的分泌（表6-1），即第一階腺體分泌激素調節第二階腺體分泌激素，第二階腺體分泌的激素調節第三階腺體分泌激素；當血液中第三階腺體的激素過多時，則回饋自身或上游腺體，以避免分泌更多激素。

當血液中糖皮質醇（Glucorticoid）濃度過低時，下視丘會分泌促腎上腺素皮質釋素（Corticotrophin Releasing Hormone, CRH），CRH將「還要更多糖皮質素」的訊息透過垂體門靜脈系統（Hypophyseal Portal System）傳給腦下腺前葉，於是腦下腺前葉釋放更多促腎上腺皮質素（Adrenocorticotropichormone, ACTH），經由體循環抵達腎上腺皮質，腎上腺皮質會製造並分泌更多的糖皮質醇以回應ACTH的訊息；當血液的糖皮質醇達到某一濃度時，糖皮質醇會將訊息回饋至腦下腺及下視丘，使ACTH及CRH分泌減少，結果抵達腎上腺的訊息是「減少糖皮質素分泌」，以避免腺體分泌更多激素，這樣的機制就稱為負回饋（Negative Feedback）。

體內負回饋的例子很多，其反應是逆轉刺激的效應；反之，如果反應是加強刺激的效應，則稱為正回饋，例如分娩時催產素的分泌與子宮收縮及排卵前雌性素與黃體促素間的關係。

表6-1　序列激素的分泌、作用及負回饋機制

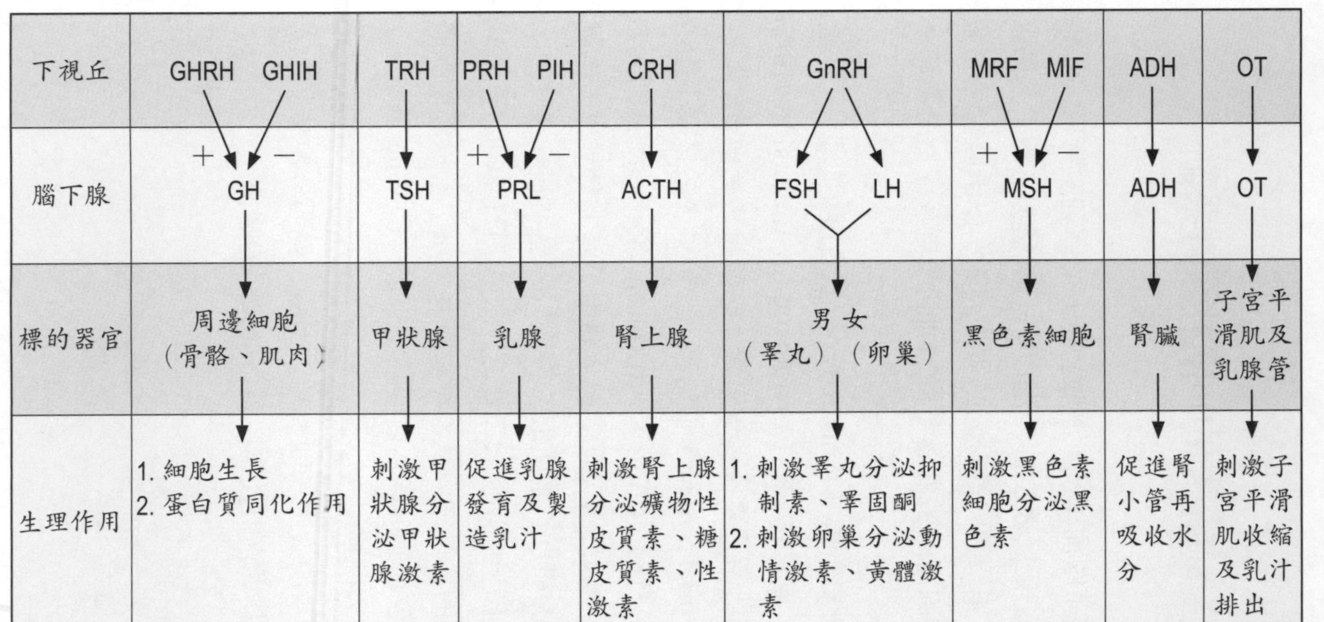

下視丘	GHRH　GHIH	TRH	PRH　PIH	CRH	GnRH	MRF　MIF	ADH	OT
腦下腺	＋　－ GH	TSH	＋　－ PRL	ACTH	FSH　LH	＋　－ MSH	ADH	OT
標的器官	周邊細胞 （骨骼、肌肉）	甲狀腺	乳腺	腎上腺	男　女 （睪丸）（卵巢）	黑色素細胞	腎臟	子宮平滑肌及乳腺管
生理作用	1. 細胞生長 2. 蛋白質同化作用	刺激甲狀腺分泌甲狀腺激素	促進乳腺發育及製造乳汁	刺激腎上腺分泌礦物性皮質素、糖皮質素、性激素	1. 刺激睪丸分泌抑制素、睪固酮 2. 刺激卵巢分泌動情激素、黃體激素	刺激黑色素細胞分泌黑色素	促進腎小管再吸收水分	刺激子宮平滑肌收縮及乳汁排出

註：GHRH：生長激素釋素；GHIH：生長激素釋放抑制激素；GH：生長激素；TRH：甲釋素；TSH：甲促素；PRH：泌乳激素釋素；PIH：泌乳激素釋放抑制激素；PRL：泌乳激素；CRH：促腎上腺素皮質釋素；ACTH：促腎上腺素皮質素；GnRH：性釋素；FSH：濾泡刺激素；LH：黃體促素；MRF：促黑激素釋放因子；MIF：促黑激素釋放抑制因子；MSH：促黑激素；ADH：抗利尿激素；OT：催產素。

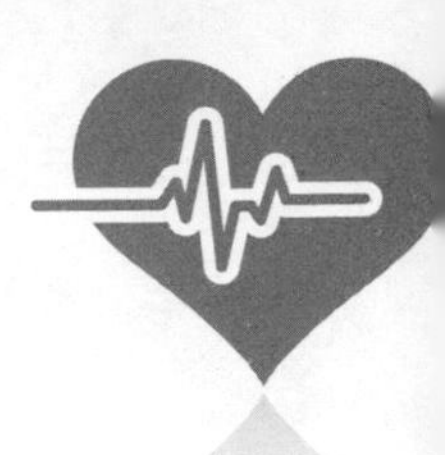

四、常見的內分泌腺體與激素

(一) 下視丘是最高指揮官

下視丘雖然是整個內分泌系統的最高指揮官，但仍受到更高階的大腦其他部位控制。大腦接受刺激後，傳出適當的訊息給神經系統及內分泌系統。前者作用快速，後者反應較慢；另有一種方式是利用神經刺激激素的製造及釋放，雖不若神經系統反應快速，但仍可在數秒內完成連鎖反應。常見的例子是腎上腺髓質（Adrenal Medulla）分泌腎上腺素及正腎上腺素，可在危急時準備戰鬥（Fight）或逃跑（Flight）。此外，下視丘合成的抗利尿激素（Antidiuretic Hormone, ADH）及催產素（Oxytocin）則經神經軸突儲存於腦下腺後葉（Posterior Pituitary）（**圖6-5**）。抗利尿激素又稱血管加壓素（Vasopressin），可以調節體內水分平衡及血壓。催產素則是分娩時重要的激素，刺激子宮收縮，幫助胎兒順利產出。

(二) 腦下腺前葉

腦下腺前葉藉一小柄懸垂於下視丘之下，下視丘分泌的釋放激素及抑制激素即透過小柄中的垂體門靜脈系統（Hypophyseal Portal System）調節腦下腺前葉的激素分泌（**圖6-6**）。腦下腺前葉激素包括甲促素（Thyrotropin, TSH）、濾泡刺激素（Follicle Stimulating Hormone, FSH）、黃體促素（Luteinizing Hormone, LH）、促腎上腺皮質素、生長激素（Growth Hormone, GH）、泌乳激素

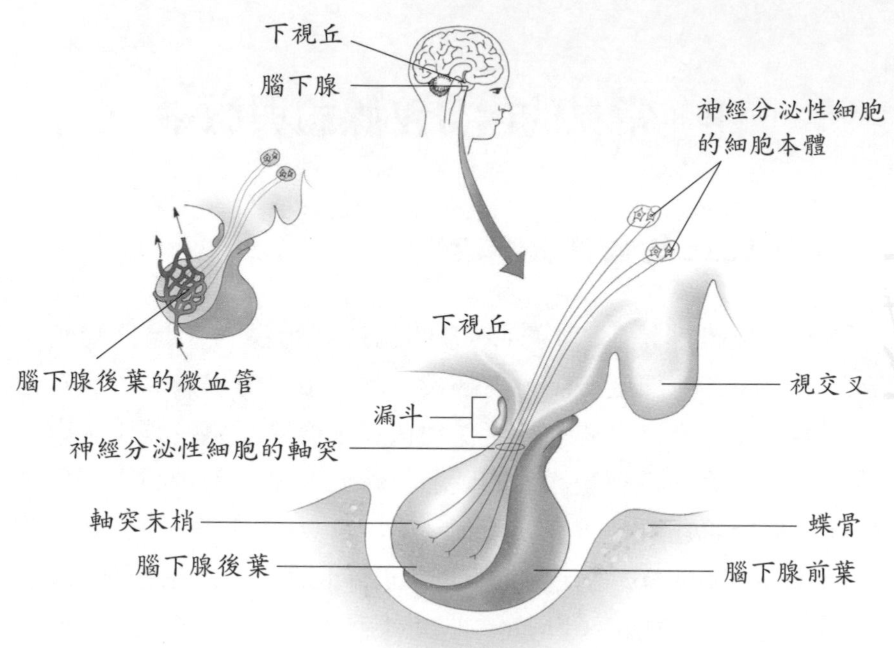

圖6-5 下視丘與腦下腺後葉

註：下視丘製造的抗利尿激素及催產素，經神經軸突運送至腦下腺後葉儲存，釋放於體循環血管中，再作用於標的組織（參考表6-1）。

（Prolactin），作用於下游腺體或組織。

甲釋素（Thyrotropic Releasing Hormone, TRH）刺激TSH分泌，進而控制甲狀腺素的合成及分泌。性釋素（Gonadotrophin Releasing Hormone，GnRH）刺激FSH及LH分泌，前者主要為促進配子成熟，並與後者共同調節性腺激素分泌。促腎上腺素皮質釋素刺激ACTH分泌，以控制壓力激素的分泌。生長激素釋素（Growth Hormone Releasing Hormone, GHRH）刺激生長激素釋放，但體抑素（Somatostatin）則抑制生長激素及甲促素分泌。生長激素作用於全身，促進骨骼及軟組織生長。泌乳素刺激乳腺製造乳汁。

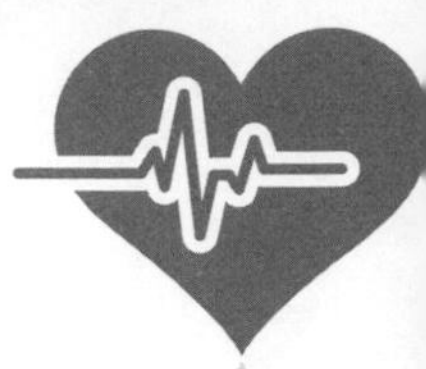

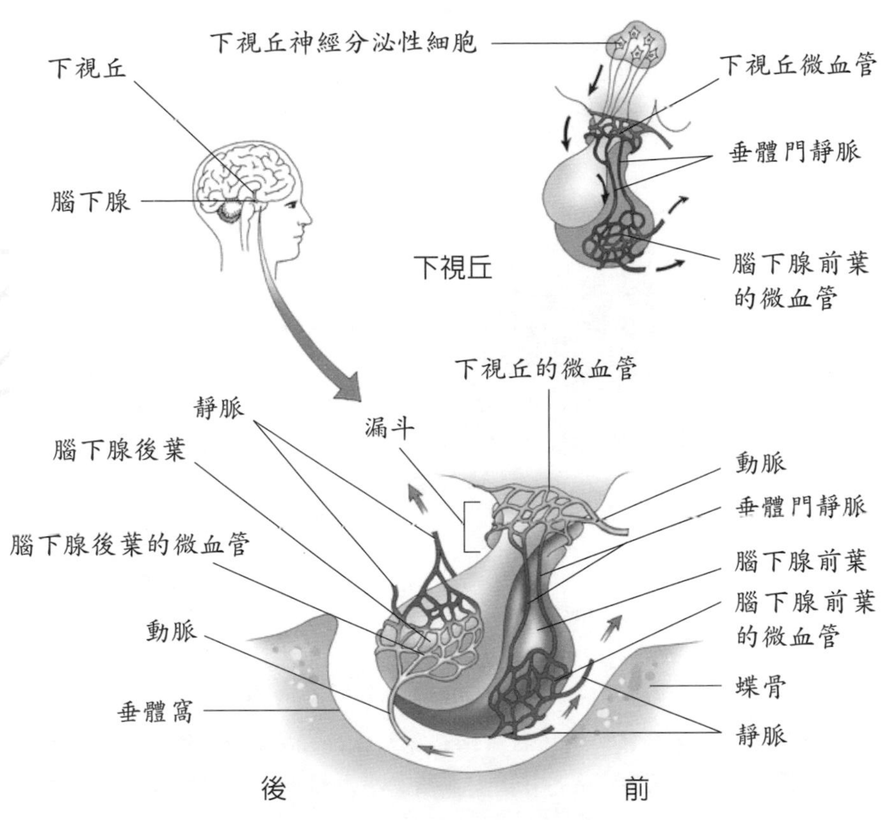

圖6-6　下視丘與腦下腺前葉

註：下視丘激素分泌於垂體門靜脈中，然後調節腦下腺前葉激素分泌；腦下腺前葉激素分泌於體循環血液中，再作用於標的組織（參考表6-1）。

(三) 甲狀腺

甲狀腺位於聲帶下方，頸部氣管兩側（圖6-7）。甲狀腺製造甲狀腺素（Thyroxin）及三碘甲狀腺素（Triiodothryronin），二者皆由酪胺酸碘化而來。血液中的甲狀腺素濃度較三碘甲狀腺素為高，但生物活性較強的則是三碘甲狀腺素。甲狀腺激素對全身組織皆有

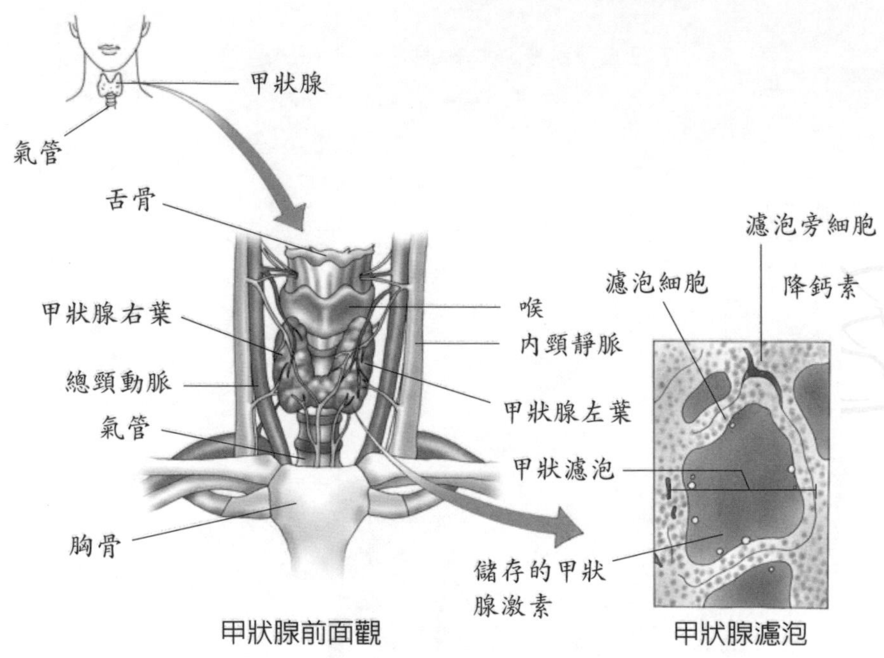

圖6-7　甲狀腺的位置及組織構造

註：小插圖顯示甲狀腺細胞排列成濾泡狀，合成的甲狀腺素可儲存於濾泡中的膠體部分，個體需要時才分泌至體循環血液中，調節生理作用。

作用，最主要的生理作用是增加基礎代謝率，以維持正常體溫。另外，甲狀腺素、類胰島素生長因子（Insulin Like Growth Factor）及胰島素（Insulin）共同作用，以促進神經組織的生長及發育。甲狀腺素過多會回饋抑制腦下腺前葉及下視丘，減少甲釋素及甲促素分泌（圖6-8）。

老年人的甲狀腺素減少會造成代謝速率下降、體脂肪增加及甲狀腺功能低下。甲狀腺功能低下的人呈現行動遲緩、昏昏欲睡、體重增加而過度肥胖、對冷沒有耐受性而且皮膚乾燥（表6-2）。

此外，甲狀腺濾泡旁細胞則分泌降鈣素（Calcitonin），降鈣素抑制蝕骨細胞之活性而降低血中鈣離子（Ca^{2+}）濃度。

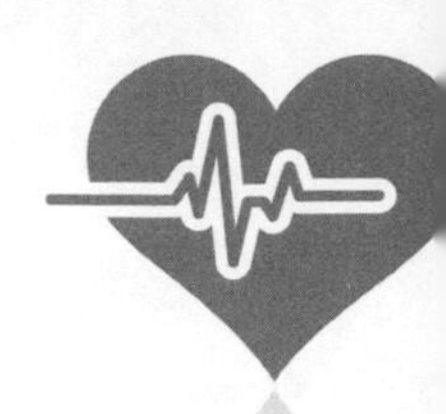

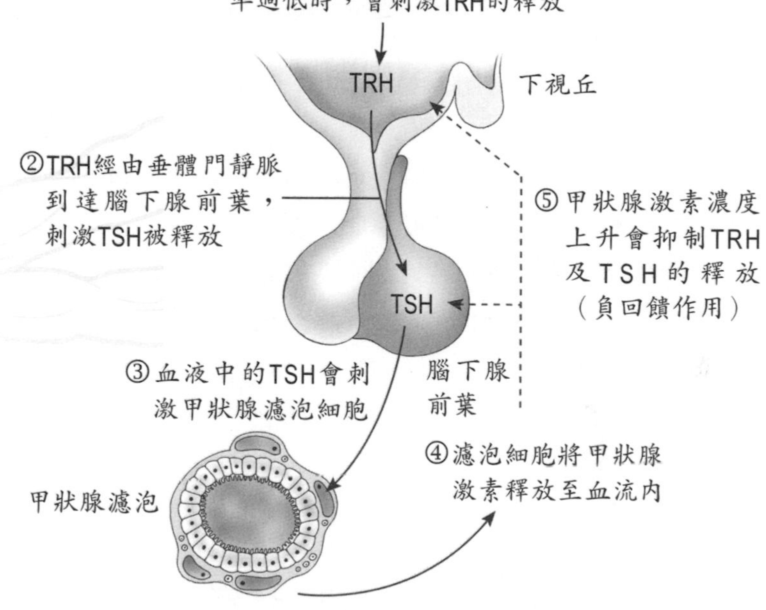

圖6-8 甲狀腺激素分泌的調節：負回饋機制

表6-2 甲狀腺功能低下及亢進的症狀與常見的臨床疾病

特徵	甲狀腺功能低下	甲狀腺功能亢進
生長及發育	減緩	加速
活動及睡眠	嗜睡	活動力增加，睡眠減少
體溫	對冷耐受力差	對熱耐受力差
皮膚特徵	粗糙、乾性皮膚	正常皮膚
呼吸及脈搏	慢	快
胃腸道	便祕，食慾降低，體重增加	排便頻繁，食慾增加，體重下降
反射	變慢	敏感度增加
精神狀態	沮喪，感情淡薄	神經質
血漿激素濃度	T4	T4
幼兒 成人	Cretinism（呆小症） Myxedema（黏液水腫）	Graves' disease（突眼性甲狀腺腫）

(四) 副甲狀腺

副甲狀腺位於甲狀腺後方，是四個小圓形腺體組織，分泌副甲狀腺素（Parathyroid Hormone, PTH）。PTH與降鈣素互為拮抗激素，調節血液中鈣離子濃度：血鈣濃度過低時，刺激副甲狀腺分泌副甲狀腺素，其可增加蝕骨細胞的數目及活性，分解骨基質，將鈣離子及磷酸根離子（HPO42⁻）釋放至血液中。副甲狀腺素也可以減少鈣離子自尿液中流失，並促進活性維生素D_3（Calcitriol）合成，活性維生素D_3可加強腸胃道吸收食物中的鈣離子進入血液中，這些作用皆可使血鈣濃度上升。反之，當血鈣濃度過高時，刺激降鈣素分泌，抑制蝕骨細胞活性，進而降低血鈣濃度（圖6-9）。

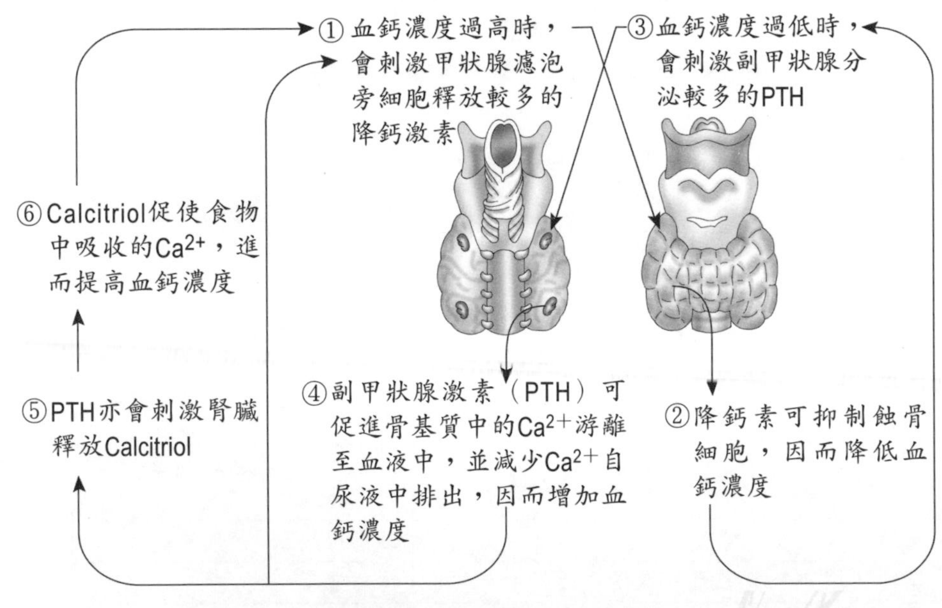

圖6-9　降鈣素、副甲狀腺素及Calcitriol以負回饋方式使血鈣濃度維持在正常範圍

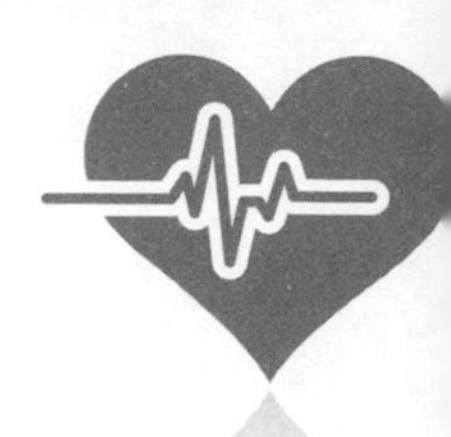

(五) 胰島

胰臟同時具有外分泌及內分泌功能，外分泌功能是分泌消化液，協助營養素分解以利吸收；內分泌腺是一群細胞團組成的胰臟小島（Pancreatic Islets），分泌胰島素及昇糖素（Glucagon）（圖6-10），二者互為拮抗激素，調節血糖濃度。飯後血糖濃度上升時，刺激胰島素分泌增加，協助葡萄糖進入全身細胞，特別是肌肉細胞，加速肝醣合成；胰島素也促進細胞吸收胺基酸，並且增加蛋白質及脂肪合成。血糖下降後，透過負回饋機制抑制胰島素分泌。一旦血糖低於正常時，昇糖素分泌立刻增加，促使肝醣分解以提升血糖，優先提供葡萄糖給神經系統製造腺嘌呤核苷三磷酸（ATP），以維持神經系統的平衡（圖6-11）。

(六) 腎上腺

腎上腺有兩個，位於左右兩側的腎臟上方，包含皮質及髓質。腎上腺皮質（Adrenal Cortex）分泌礦物皮質酮、糖皮質醇及雄性素；髓質則分泌腎上腺素及正腎上腺素，其作用與交感神經作用相同（圖6-12）。

最重要的礦物皮質酮是留鹽激素（Aldosterone），可以促進尿液中的鈉離子被重新吸收，進而重新吸收水分，協助調節血量及血壓。同時留鹽激素也促進鉀離子及氫離子自尿液中排出，後者可以防止酸中毒。

人體最多的糖皮質酮是可體素（Cortisol），主要的作用是增加肌肉中蛋白質分解，促進肝臟細胞將特定胺基酸及乳酸合成葡萄糖，刺激脂肪組織分解三酸甘油酯，形成脂肪酸進入血液中，身體

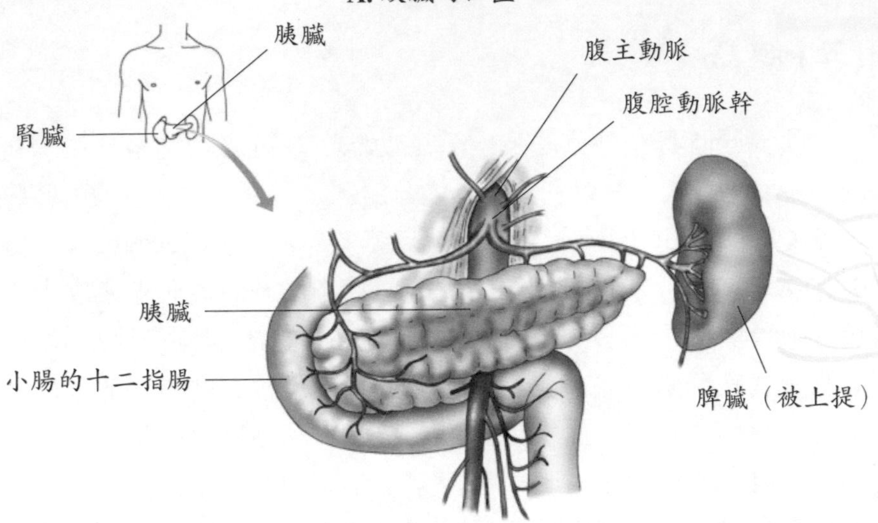

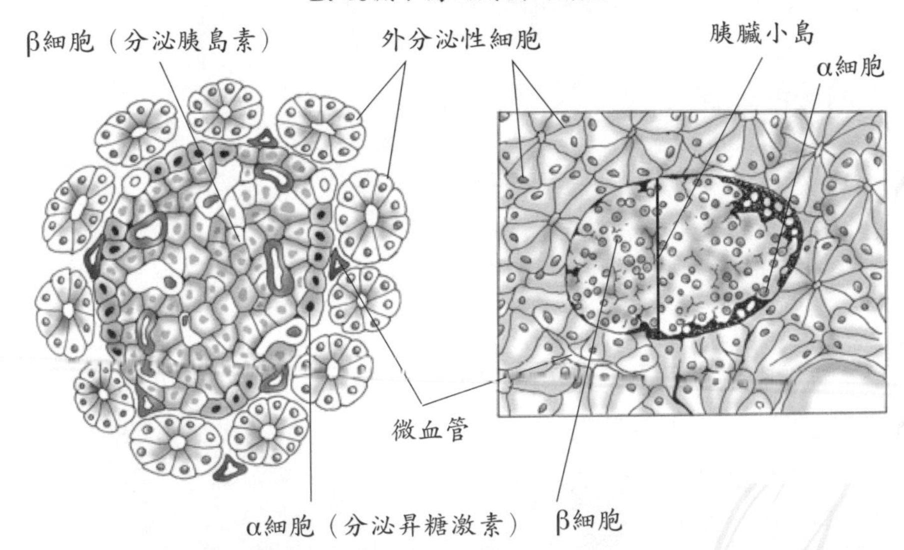

圖6-10 胰臟的位置與組織構造

註：1. 胰臟位於胃的後方。

2. 胰臟小島（內分泌腺）細胞及其分泌的激素，胰臟小島周圍為外分泌腺泡，分泌消化液及酵素。

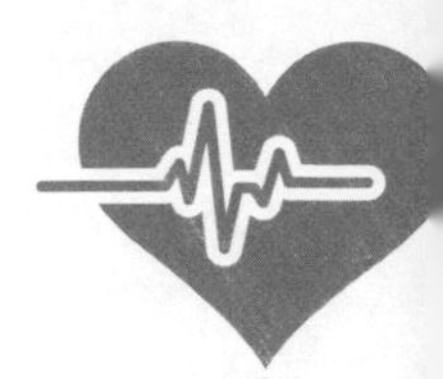

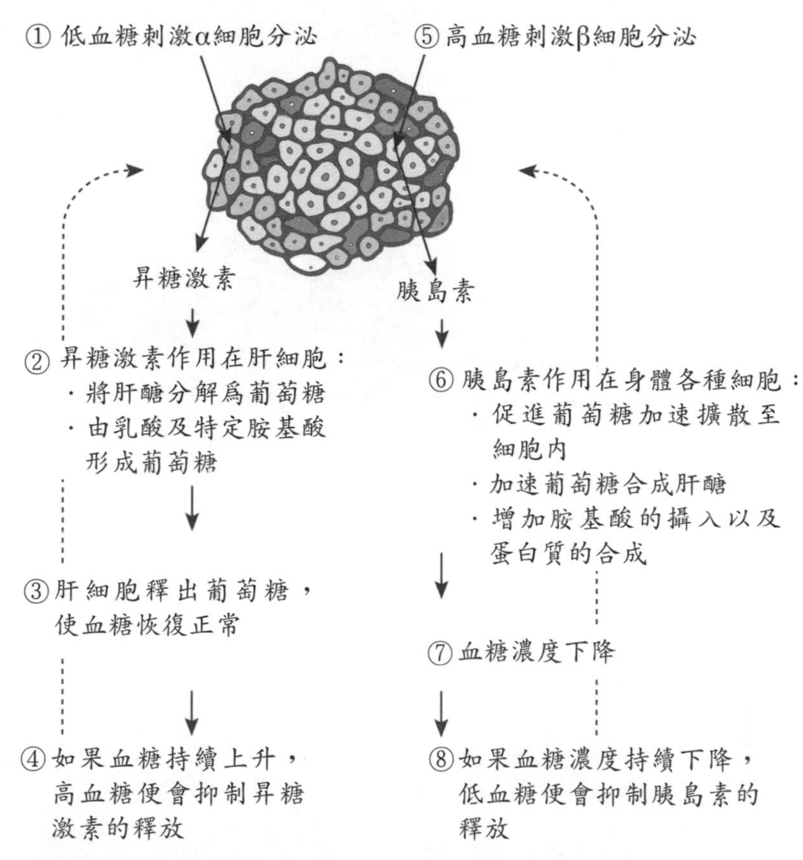

圖6-11　昇糖激素與胰島素以負回饋方式維持血糖平衡

許多細胞可利用這些物質製造ATP。因為可體素可抑制白血球參與發炎反應，臨床上多用來治療類風濕性關節炎及過敏反應等發炎性疾病，高劑量可體素則用於器官移植病人，抑制組織排斥反應。

腎上腺皮質分泌的雄性素會刺激腋毛與陰毛的生長，並促進青春期前的急速生長。青春期後，男性的腎上腺雄性素作用不顯著，但女性的腎上腺雄性素可啟始性衝動，停經後雌性素也都由腎上腺雄性素轉變而來。

A. 腎上腺位於兩側腎臟上方，約呈三角形

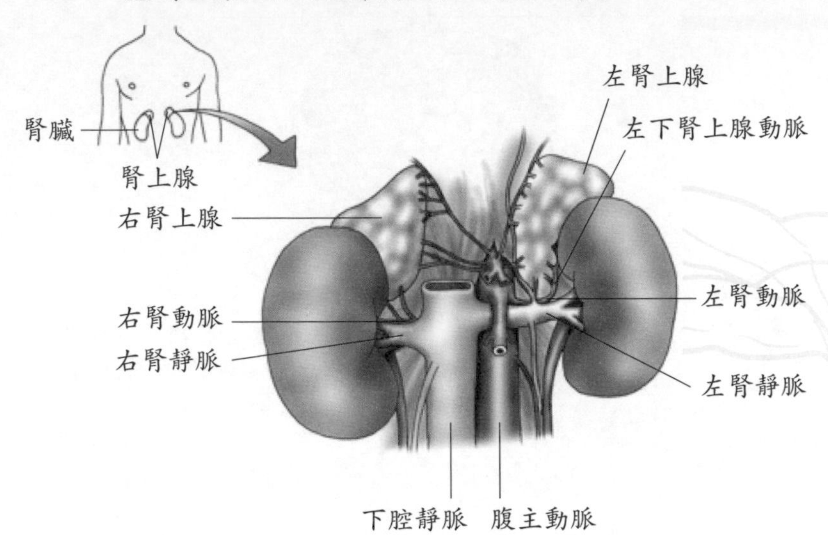

B. 腎上腺的剖面及次分區

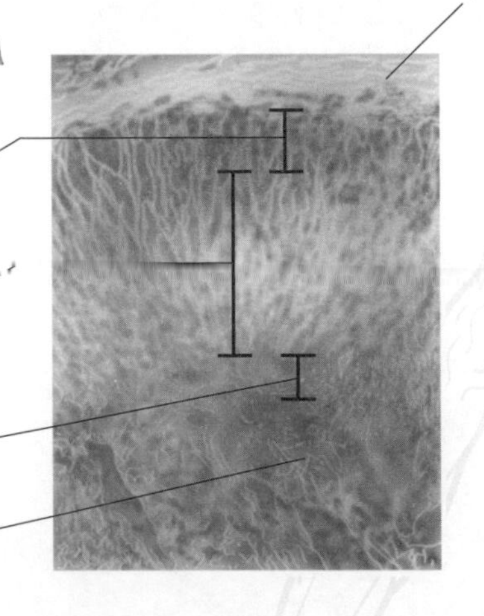

圖6-12　腎上腺的位置與組織構造

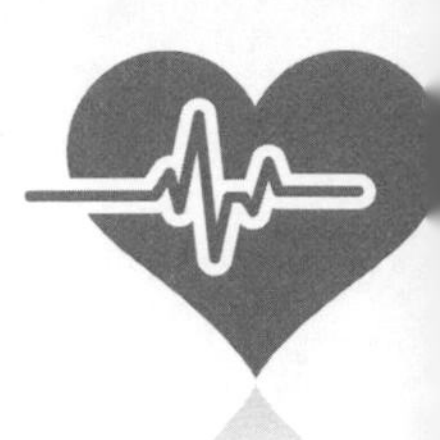

(七) 性腺

性腺的功能是產生配子（精子或卵子）及性腺激素（男性為雄性素，女性為助孕酮及雌性素），性腺激素可維持第二性徵並支持配子的成熟。對女性而言，濾泡刺激素、黃體促素、助孕酮及雌性素共同作用可調節月經週期、維持懷孕、泌乳及分娩。

五、老化時的激素改變

在沒有激素協調的情形下，我們是無法生存的。幼兒時，激素促進個體生長；青少年時期，激素趨動青春期的發生；隨著年齡增加，有些內分泌腺會萎縮，但功能不一定會改變，有些激素濃度則會逐漸衰減。隨年齡增加而衰減的激素是生長激素、甲狀腺素、睪固酮、雌性素、助孕酮及脫氫表雄酮（DHEA）。當個人因生病或器官障礙無法製造足夠激素時，臨床醫師可能給予激素療法的處方。無論熱衷研究的學者或一般大眾，發現青春之泉是非常吸引人的議題，你可能常經由報章雜誌或電視媒體看到激素療法使人們自覺年輕，而且可延緩或對抗老化，但事實上並沒有任一研究成果明確指出，激素療法可以增加壽命或預防老化相關的衰弱。即使是對疾病導致的激素缺乏有益的藥物，也可能帶來有害的副作用。此外，激素的濃度是變動的，激素替代或治療無法重現激素的自然型態，而且可能使自己的激素調節停止工作，也可能干擾其他的用藥成效，這就是為什麼激素療法應該由醫師處方並嚴密監測個案反應的原因。

(一) 骨質疏鬆症

女性在40-50歲間，卵巢濾泡逐漸耗盡，對激素刺激的反應變弱，造成雌性素生成減少，性釋素、濾泡刺激素及黃體促素爆發式的分泌。最後，經期完全停止，稱為停經（Menopause），雌性素流失至停經間的時間稱為更年期。更年期的症狀多變，包括熱潮紅、大量排汗、頭痛、掉髮、陰道乾燥、失眠、憂鬱、體重增加及情緒不穩等。

年長時，血中活性維生素D及降鈣素濃度降低，另外可能因鈣離子攝取不足或流失增加，使血鈣濃度下降，而導致血液中副甲狀腺素濃度上升，結果骨骼質量隨年齡增加而減少，因此容易罹患骨質疏鬆症（Osteoporosis）。維生素D及副甲狀腺素濃度降低也會造成肌肉減少症。

雌性素協助維持骨骼強度，年長女性的雌性素流失也會造成骨質疏鬆症，使骨骼支撐能力下降，進而限制活動，跌倒時易造成骨折，對活動限制更是雪上加霜；同時，活動受限也使肌肉質量維持更形困難，肌力不足也加重活動受限的窘境。一般來說，身體活動可降低骨質疏鬆的風險。研究證明運動會使骨質密度增加，特別是跑步、有氧運動及阻力訓練等對骨骼有壓力的運動。

研究學者指出，女性運動員容易同時出現飲食失調（Disordered Eating）、無經（Amenorrhea）及早熟性骨質疏鬆症（Premature Osteoporosis），稱為女性運動員的三合一問題（The Female Athlete Triad）。飲食失調可能因教練、父母、同儕及自己的多重壓力，用極端的或有害的減重方法維持低體重有關。經期不規則常與飲食失調及身體訓練有關，長期的經期不規則甚至無經會造成慢性低濃度雌性素，造成骨質流失或青春期選手無法儲存適當骨質，造成早熟性骨質疏鬆症。所以，飲食失調及過度訓練可能會增加傷害。

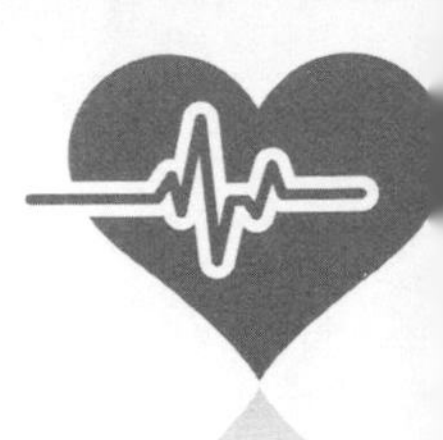

(二) 停經後激素補充療法的利與弊

數十年來，已有數百萬女性使用雌性素以解除停經症狀，特別是熱潮紅及陰道乾癢；也有處方預防或治療骨質疏鬆症。這些給予移除子宮個案補充雌性素或尚有子宮個案合併補充雌性素及助孕酮的處方稱為停經後激素補充療法（Menopausal Hormone Therapy, MHT）。

已有大量文獻證實，在廣泛使用前，檢驗激素補充療法的益處及風險是重要的。科學家已經知道，停經後補充雌性素可能造成子宮內膜增厚，因而增加子宮內膜癌的風險，而合併處方助孕酮即可保護子宮內膜。雖然早期的研究指出，停經後激素補充療法降低停經後婦女罹患心臟疾病的風險，但2002年婦女健康提倡協會（NIH Women's Health Initiative, WHI）發表的文獻指出，合併補充雌性素及助孕酮提高停經後婦女發生心臟疾病、中風、血栓及乳癌風險，但髖骨骨折及大腸直腸癌個案則較少。2004年針對只補充雌性素進行分析，也有類似結果。2007年的文獻也指出，單獨使用雌性素的50-59歲女性，其冠狀動脈中的鈣化斑較未補充雌性素者少；而停經超過10年才進行激素補充療法者，其心臟病發作的危險則會增加。

最近的文獻指出，停經後激素補充療法可能影響年長女性的大腦，增加個案65歲以後罹患失智症的風險。有一項研究針對約1,400名年齡介於79-89歲之間的年長女性為研究對象，進行激素補充1-4年，該研究文獻指出，MHT個案的腦容積較小，尤其是與思考及記憶有關的額葉及海馬迴，海馬迴容積減小是造成失智的危險因子。在一群尚未進行激素補充前已有記憶障礙的年長女性中，MHT對維持正常記憶功能的腦區造成的負面影響更為顯著，顯然，MHT可能加速已存在的神經退化性疾病的進程。以核磁共振為研究方法的文

獻進一步指出，MHT與腦中小血管損傷的體積增加無關。所以，MHT對認知技巧的負面影響可能不是因血管疾病，而是與神經退化有關。

(三) 補充生長激素抗老化並不合法

生長激素分泌下降是造成年老時肌肉萎縮的重要因素，但這並不表示補充生長激素可以抗老化，目前，美國食品藥物管理局（US Food and Drug Administration, FDA）也並未核可使用生長激素作為抗老化的治療。至少有一個文獻指出，與血液中生長激素濃度較低者比較，血液中自然分泌的生長激素越多，越容易在較年輕時死亡。其他動物研究指出，以基因工程抑制生長激素製造及分泌，會增加動物的壽命。

以年齡介於65-88歲之間、57位健康男性和74位健康女性為受試者，分為安慰劑組、補充生長激素、補充性腺激素（男性補充睪固酮，女性補充雌性素）、合併補充生長激素及性腺激素等四組，連續補充26週。結果顯示，無論男性或女性年長者，單獨補充生長激素皆能有效降低體脂肪，增加肌肉質量，但顯然男性合併補充睪固酮（Testosterone）的效益高於其他組。雖然單獨或合併補充生長激素或性腺激素對於肌力並無明顯影響，但男性合併補充生長激素及睪固酮顯著增加心肺耐力，暗示可能可以促進日常生活的活力。有40%的受試者報告有副作用產生，常見的副作用是關節痛、腫脹及腕隧道症候群，男性較易發生暫時的葡萄糖不耐症及糖尿病，女性則較易發生水腫。這些副作用在停止補充激素六週後都可見明顯改善。性別對生長激素反應的不同可能是因為女性需要更高劑量的生長激素才能誘發如男性般的生理效應。

另一份整合分析的資料指出，與未補充生長激素的年長者相

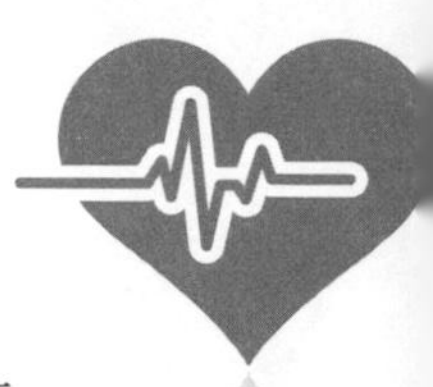

較，補充生長激素造成脂肪減少及肌肉組織增加，但體重改變不顯著。總膽固醇濃度在補充生長激素後下降，但校正身體組成後，總膽固醇濃度也不變；骨質密度、其他血脂肪濃度也無差異。但補充生長激素易造成軟組織水腫、關節痛、腕隧道症侯群（Carpal Tunnel Syndrome）、男性女乳症（Gynecomastia），並更容易使空腹血糖上升或併發糖尿病。心臟病發作、結腸直腸癌及肢端肥大症也是可能發生的副作用。

網路上常見銷售口服生長激素，當你讀到此處應已發現，生長激素是蛋白質激素，進入胃後會被胃酸分解，所以這個口服生長激素的銷售手法完全是江湖騙術，你買到的極可能只是能促進生長激素分泌的配方而已，吃肉也會有相同效果。運動員也應正視這個事實：在合併其他類固醇或運動訓練下，分析補充生長激素對於年輕人及中年人的肌肉蛋白製造及肌力的影響，生長激素的單一效果其實是非常有限的。以下的例子可以讓我們更深入思考，在相同強度的運動下，女性運動員比男性運動員製造更多生長激素，但她們的肌肉並不會較男性發達，肌力也較小。有氧運動比阻力運動更能刺激生長激素分泌，但阻抗運動能增加更多肌肉。更危險的是，網路便宜販賣的生長激素可能是由人類屍體的腦下腺萃取而來，並未經過安全設計及檢驗，極可能造成庫賈氏症（在牛的身上發病者稱為狂牛症）的傳染。

六、壓力與老化息息相關

日常生活中都存在著壓力，造成壓力反應的刺激稱為壓力原（Stressor），當恆定機制能代償壓力反應時，身體的內部環境即能維持正常的動態平衡。壓力原一定會令人感到不適或生病嗎？答

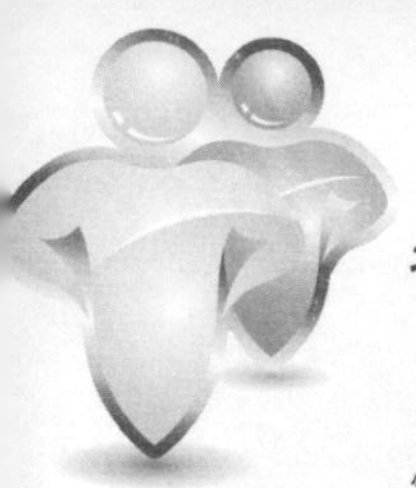

案是因人而異，即使同一個人也可能在不同的情境對類似的壓力原產生不同的感覺。身體的壓力反應大致上可分為三期：最初的打或跑反應（Fight-or-Flight Response）、緩慢的抵抗期（Resistance Reaction）及最後的精力耗竭（Exhaustion）。

時間較短的壓力原會刺激下視丘神經衝動，到達交感神經，使腎上腺素分泌增加，啟動許多機制以應付快速的生理需求。這些反應包括：(1) 增加血中葡萄糖濃度；(2) 呼吸加速，以獲得更多氧氣；(3) 心臟收縮加速且更為有力，將葡萄糖及氧氣送達大腦、骨骼肌及心肌；(4) 腎臟及消化系統血流減少，前者會活化腎素—血管張力素—留鹽激素路徑（Rennin-Angiotensin-Aldosterone System），留鹽激素使腎臟保留鈉離子及水分，可以調升血壓。

啟動抵抗反應時，透過下視丘釋放激素，例如生長激素釋放激素、促皮質激素釋放激素、甲釋素等，持續的時間較長。經下視丘—腦下腺—腎上腺軸線的調控，促皮質激素釋放激素最後使腎上腺皮質分泌較多可體素，以促進葡萄糖、胺基酸及脂肪酸釋放至血液中，提供給全身細胞作為能量來源或修復受損細胞，並降低發炎反應。經下視丘—腦下腺—甲狀腺軸線的調控，甲釋素最後促使甲狀腺素分泌增加，刺激葡萄糖被利用而產生ATP。生長激素釋放激素促使生長激素分泌，與甲狀腺素合作，以增加身體細胞製造ATP。

抵抗反應讓身體在初期的「打或跑反應」後繼續長時間抵抗壓力原，當個體無法對抗壓力原時，抵抗期無法持續，即產生精力耗竭。此時，身體因長時間暴露於壓力激素下，造成肌肉疲勞、免疫系統功能低下、胃腸道潰瘍以及胰臟 β 細胞衰竭，胰臟 β 細胞衰竭將造成胰島素分泌不足，因而形成糖尿病；其他可能造成胃炎、潰瘍性結腸炎、過敏性腸道症候群、高血壓、類風濕性關節炎、焦慮及憂鬱等疾病。

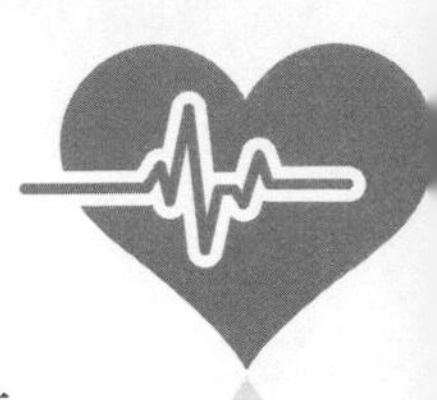

以大鼠模擬第一型糖尿病（胰島素不足）或以小鼠模擬第二型糖尿病（胰島素阻抗）的研究成果指出，糖尿病鼠的學習及記憶障礙可能與腎上腺皮質分泌的壓力激素破壞海馬迴的健康功能有關，而海馬迴與學習和短期記憶有關。當腎上腺皮質糖皮質酮（Corticosterone，在人體為可體素）恢復正常濃度，海馬迴即恢復其建造新細胞的功能，亦即重塑的能力（Plasticity），以代償損傷及疾病。這顯示維持正常的糖皮質酮可能有助於預防及治療認知損傷。

脫氫表雄酮（DHEA）是人體主要的腎上腺雄性素，可轉變成睪固酮及雌性素。DHEA的分泌高峰是20歲左右，之後隨年齡增加而遞減。血中DHEA濃度較低似乎與糖尿病及癌症有關，瑞典的縱貫追蹤研究也顯示，年長男性心臟病發作的機會與血液中DHEA的濃度呈負相關。也有學者認為非處方藥 DHEA可以促進能量代謝、改善肌力及增進免疫系統，甚至增加肌肉，減少脂肪。臨床醫師對紅斑性狼瘡的個案施以DHEA治療，可降低其他類固醇的使用劑量，以減少類固醇副作用。連續四週對年老男性投予高劑量DHEA，讓這些男性自覺自身健康大為改善，這可能與DHEA具有減輕輕度憂鬱的效果有關。於是，在網路兜售DHEA的人宣稱服用DHEA可延長壽命，但DHEA轉變成睪固酮或雌性素的能力也是因人而異的，過量可能有害，對女性會出現男性化效果，對女性或男性皆會造成肝功能障礙，此外，與乳癌及前列腺炎的關係也未明。所以，若欲補充DHEA抗老化，必須注意在效果未明朗之前，帶來的損害可能多於益處，這種謹慎思考也適用於檢驗其他激素補充的效益。

年長者因牙齒及消化系統功能退化、經濟能力、準備餐食的困難等因素，更容易造成營養不良；激素的補充對身體的利弊衡量並未獲得所有學者支持，但身體活動確實可減少胰島素阻抗、保存

肌肉質量及骨質，所以老人進行適當的體能訓練是必要的；如何正確進行體能訓練，並減少運動造成的損傷是維持老人健康的重要課題。

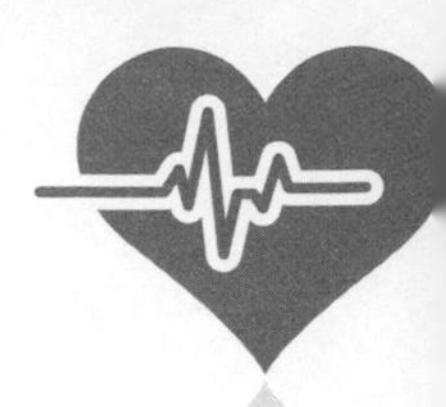

參考文獻

Bartke, A. (2005). Minireview: Role of the Growth Hormone/Insulin-like Growth Factor System in Mammalian Aging. *Endocrinology*, 146: 3718-3723.

Blackman, M. R., Sorkin, J. D., Munzer, T., Bellantoni, M. F., Busby-Whitehead, J., Stevens, T. E., Jayme, J., O'Connor, K. G., Christmas, C., Tobin, J. D., Stewart, K. J., Cottrell, E., St. Clair, C., Pabst, K. M., Harman, S. M. (2002). Effects of Growth Hormone and Sex Steroid Administration in Healthy Aged Men and Women. *JAMA*, 288: 2282-2292.

Coker, L. H., Hogan, P. E., Bryan, N. R., Kuller, L. H., Margolis, K. L., Bettermann, K., Wallace, R. B., Lao, Freeman, Z. R., Stefanick, M. L., Shumaker, S. A. (2009). Postmenopausal Hormone Therapy and Subclinical Cerebrovascular Disease: the WHIMS-MRI Study. *Neurology*, 72(2): 125-134.

Harman, S. M., Metter, E. J., Tobin, J. D., Pearson, J., & Blackman, M. R. (2001). Logitudinal Effects of Aging on Serum Total and Free Testosterone Levels in Healthy Men. *J. Clin. Endocrinol. Metab.*, 86: 724-731.

Liu, H., Bravata, D. M., Olkin, I. Nayak, S. Roberts, B. Garber, A. M. & Hoffman, A. R. (2007). Systematic Review: the Safety and Efficacy of Growth Hormone in the Healthy Elderly. *Annals of Internal Medicine*, 146: 104-115.

Resnick, S. M., Espeland, M. A., Jaramillo, S. A., Hirsch, C., Stefanick, M. L., Murray, A. M., Ockene, J., Davatzikos, C.(2009). Postmenopausal Hormone Therapy and Regional Brain Volumes: the WHIMS-MRI Study. *Neurology*, 72(2): 135-142.

Vaughn, P. (2008). Stress Hormone Impacts Memory, Learning in Diabetic Rodents. *NIH News*. Feb. 17.

Visser, M., Deeg, D. J. H., & Lips P. Low. (2003). Vitamin D and High Parathyroid Hormone Levels as Determinants of Loss of Muscle Strength and Muscle Mass (Sarcopenia): The Longitudinal Aging Study Amsterdam. *J. Clin. Endocrinol. Metab.*, 88: 5766-5772.

國家圖書館出版品預行編目（CIP）資料

老化與體能 / 郭家驊等作. -- 初版. -- 新北市：揚智文化, 2012. 09
面； 公分.--（實踐高齡者健康促進系列叢書）
ISBN 978-986-298-062-0（平裝）

1.體適能 2.老人 3.老化

528.9016 101019281

高齡者健康促進系列叢書

老化與體能

總指導／謝孟雄
總審訂／陳振貴
總策劃／許義雄
總校閱／林國棟
總主編／詹益長
著　者／郭家驊、蔡鏞申、楊艾倫、陳宗與、侯建文、蔡秀純
總編輯／馬琦涵
主　編／張明玲
出版者／揚智文化事業股份有限公司
發行人／葉忠賢
地　址／新北市深坑區北深路三段260號8樓
電　話／(02)8662-6826 · 8662-6810
傳　真／(02)2664-7633
E-mail／service@ycrc.com.tw
ISBN／978-986-298-062-0
初版一刷／2012年12月
定　價／新臺幣250元

本書如有缺頁、破損、裝訂錯誤，請寄回更換